El Coraje de Emprender

Álvaro Mendoza
Luis Eduardo Barón
Paola Andrea Vargas del Rio
Aldo Vidarte Fiek
Antonio Benito F.
Marianela Vallejo
Jairo Antonio Forero

Diagramación
Giancarlo Rodríguez

Corrección de Estilo
Mariela Vargas O.

Índice

El Coraje de Emprender

Por **Álvaro Mendoza**
de **MercadeoGlobal.com**

Déjenme que les cuente en qué circunstancias de mi vida profesional nació en mí la necesidad de emprender y cómo y desde cuándo tuve el coraje para hacerlo.

En estos temas, siempre se plantea la cuestión de qué significa la palabra "emprendedor" o "emprendimiento". Ocurre lo mismo que con la palabra "marketing", uno le pregunta a alguien qué quiere decir "marketing" y le da una definición, le pregunta a otro y le da otra definición. En muchos de los casos son parecidas, pero en otros casos son completamente opuestas.

Para este término de "emprendedor" también cada uno tiene su propia definición. Sin embargo, si nos vamos un poco al origen histórico de la palabra, la palabra "emprendedor" viene derivada de una palabra francesa, que es la palabra "entrepreneur". Básicamente es un término que comúnmente se utiliza para describir a una persona que organiza, empieza, opera una o varias empresas y, obviamente, es una persona que está dispuesta a asumir cierto tipo de riesgo, no solamente financiero y económico, sino en cuanto a tiempo, en cuanto a asumir el riesgo de qué van a decir otras personas.

Fundamentalmente eso somos los emprendedores: personas a las que nos gusta iniciar empresas, organizarlas, operarlas, crear una, crear otra, crear y operar varias teniendo en cuenta que estamos asumiendo un riesgo.

Sin embargo, el hecho de decir que estamos asumiendo un riesgo no quiere decir necesariamente que sea un riesgo de hacer las cosas a la loca. Nosotros los emprendedores muchas de las cosas que hacemos las hacemos basados en un riesgo moderado, un riesgo calculado.

Es decir que, cuando tomamos la decisión de hacer algo, es porque hemos hecho nuestra respectiva investigación de mercado acerca de la viabilidad de aquella idea que tenemos en mente, acerca del emprendimiento o la viabilidad del producto o servicio que queremos sacar. Así que no es hacerlo a la loca.

El coraje de emprender es un término bien interesante porque, efectivamente, para tener esa sangre o espíritu emprendedor, hay que tener el coraje de serlo. Por coraje me refiero a que hay que tener las agallas para empezar ese emprendimiento, hay que tener las agallas para tomar riesgos calculados, hay que tener las agallas para hacer cosas que probablemente otras personas no hayan explorado, explorar territorios vírgenes. Hay que tener muchísima creatividad.

Es un tema bien interesante, porque efectivamente yo creo que no todos nacemos emprendedores y yo creo que eso nos llevaría a la disyuntiva: ¿un emprendedor nace o se hace? Creo que no podemos ser tajantes en que es lo uno o lo otro. Efectivamente, yo creo que sí algunos nacemos con ese espíritu emprendedor pero, de todas maneras, depende mucho del ambiente en que crezcamos, de los incentivos que nos hayan dado nuestros padres, del ejemplo que hayamos visto en otras personas, del medio en que nos desenvolvamos, de quién nos rodeemos. Todo eso sirve.

Ahora, si uno no nace con esa vocación o ese espíritu emprendedor, no quiere decir que todo está perdido. Esto se puede aprender por el camino. De hecho, una de mis grandes fortalezas es que yo he logrado transmitir ese espíritu emprendedor a otras personas que quizás en algún momento no se consideraban emprendedoras a sí mismas y han encontrado en el emprendimiento una verdadera pasión.

Ahora, hay otras cosas que a uno a veces lo fuerzan a convertirse en emprendedor. Por ejemplo la mala situación económica, las crisis. Es muy usual que un emprendedor nazca cuando lo echan de su trabajo. He conocido la historia de muchos de mis alumnos, muchos de mis colegas, que empezaron sus propios negocios, empezaron sus propios emprendimientos porque llegaron a trabajar y les cerraron las puertas del trabajo: "Hasta aquí trabajas, no más". Y dependiendo de cómo uno maneje esa situación, puede coger la ruta y tratar de empezar un negocio, sacar ese espíritu emprendedor que todos llevamos adentro y tratar de crear algo nuevo, o también podemos buscar la ruta de: "Me echaron de este trabajo. Voy a buscar la tranquilidad de otro modo", y buscar otras fuentes de trabajo.

Yo creo que es importante dejar en claro qué es ser un emprendedor, de dónde nació la palabra "emprendedor" y ver que es algo susceptible de ser aprendido, pero también algunos nacemos como con esa sangre emprendedora. Yo siempre he sido una persona muy curiosa. De niño a mí me gustaba desbaratar las cosas. Siempre me gustaba saber por qué funcionaban las cosas, cómo funcionaban, cómo se podían desbaratar para volver a armar, y también obtuve como ese espíritu empresario, de ejemplos de empresarios y emprendedores.

Incluso me acuerdo de una anécdota, una anécdota bastante interesante. Mi abuelo materno fue un emprendedor. Él empezó varias empresas, pero terminó construyendo una empresa bien importante de alfombras y tapetes en Colombia. Yo no sé si él quería darle a uno el espíritu emprendedor o dar el ejemplo o alguna cosa así por el estilo, pero yo me acuerdo de que él me pedía un favor, yo se lo hacía y yo me acuerdo de que le pasaba una factura al final, después de que ya le había hecho el favor, y él era feliz de que yo le pasara factura por los favores que le hiciera.

Yo creo que esa vocación, esa pasión por el servicio y todo ese tipo de cosas, las vi desde muy niño en mis padres, en mi familia. Yo creo que todas esas cosas funcionan, todas esas cosas afectan el hecho de que uno sea o no sea emprendedor o que le quede más fácil o no empezar en un emprendimiento.

Ahora, por supuesto no todo es color de rosa. Me acuerdo de que yo intenté hacer muchísimos negocios. Empecé muchos negocios y muchos de esos fracasaron. Recuerdo que yo veía por ejemplo una oportunidad y yo trataba de ver cómo podía explotar eso para hacer dinero, cómo podía montar una empresa o cómo podía hacer algo directamente relacionado con esto.

No me acuerdo exactamente en qué año fue, pero en uno de los últimos mundiales de fútbol en que participó Colombia y le fue muy bien, me acuerdo de que empecé a imprimir camisetas o, como les llaman en otros países, remeras. También a imprimir fotos en caricatura de la Selección Colombia.

Obviamente fue un riesgo controlado: la fiebre de que nuestro país estaba en un mundial de fútbol. Tampoco me fui a la loca a imprimir más que las camisetas que podía yo manejar, ni tampoco de ir a una producción más allá de los resultados que estaba teniendo Colombia. ¿Qué tal que hubieran perdido en el primer partido y yo me hubiera quedado con 500 o 1000 camisetas? Pues hasta ahí habría llegado el emprendimiento.

Entonces empecé de a poquito, y así he tenido muchos ejemplos de muchos negocios que traté de montar. Es algo que a mí me apasiona y yo creo que el emprendimiento es una pasión, buscar nuevos caminos para hacer las cosas, crear empresas, montar nuevas iniciativas, incluso dentro del mismo negocio. Si no me has escuchado hablar o no has leído ninguno de mis libros, yo llevo haciendo esto del marketing y negocios por Internet desde 1998. Mi empresa, MercadeoGlobal.com, es una empresa bastante conocida.

Pero dentro de ese emprendimiento grande, ha habido muchos emprendimientos chiquitos. Algunos han fracasado, con algunos me ha ido bien, con otros me ha ido extremadamente bien. Entonces es un balance entre: tengo una idea, ¿cómo la implemento?, ¿vale la pena implementarla?, ¿no vale la pena implementarla?, ¿cómo puedo hacer para escalarla? Y tiene que tener uno también la sabiduría, por decirlo de alguna manera, de decir: "Esto no está funcionando. Paremos y sigamos por otra vía". O, de lo contrario, si uno se queda obstinado con que esto tiene que funcionar o esto tiene que funcionar, va a desviar uno la atención de otras cosas que seguramente sí habrían sido importantes.

Cuando uno es emprendedor, la otra cuestión es que uno usualmente va en contravía de todo lo que el resto está haciendo. Como uno va en contravía de todo lo que el resto del mundo está haciendo –y por "el resto del mundo" me refiero a tus colegas, a tus amigos, a tus familiares, a tu mundo cercano–, vas a encontrar mucha oposición. La gente que más te va a criticar, desafortunadamente, son tus familiares y las personas más cercanas.

Sin embargo, no sé si será una característica también de los emprendedores, tenemos que aprender a filtrar aquellas cosas que queremos oír y de quién queremos escuchar un consejo. O sea, si yo estoy buscando un consejo de cómo hacer crecer un negocio, yo no le puedo pedir el consejo a una persona que no tiene negocio.

Te voy a dar un ejemplo de algunos de los obstáculos que tuve. Cuando yo me vine acá a los Estados Unidos en 1998, muchos de mis colegas, muchos de mis amigos más cercanos –y quizás familia, eso no lo podría decir– vieron esa decisión de venirme aquí como algo muy prematuro, como algo muy loco: "Debería quedarse aquí. Mire que se va a ir allá a aventurarse sin saber", sin nada porque, básicamente, cuando yo me vine aquí fue a explorar. Sin embargo, lo hice.

Obviamente, la mayoría de mis amigos y de mi familia me apoyaron en últimas, porque sabían que yo era bastante obstinado y, cuando a mí se me mete una idea en la cabeza, tengo que llevarla a cabo, tengo que convertirla en una realidad. Mi motor no era el hecho de tener que demostrarles a los demás que yo iba por el camino correcto o que lo que estaba haciendo estaba bien, pero de todas maneras da mucha alegría cuando uno mira hacia atrás y dice: "Si vieran cómo me criticaban, miren cómo estoy hoy". Eso de todas maneras lo llena a uno de mucha satisfacción.

Una vez me vine acá a los Estados Unidos, yo me vine directamente. Mi objetivo número 1 era aprender todo lo que yo pudiera acerca del mundo del marketing y de los negocios por Internet, precisamente porque la Internet estaba apenas empezando en nuestros países y, obviamente, a la vanguardia de todo eso estaban los Estados Unidos. Así que me vine aquí a aprender, donde estaban haciendo absolutamente todo.

Uno de mis principales desafíos en esa época era que yo quería aprender toda la parte técnica. A mí ni se me ocurrió que tenía que saber marketing, sino que empecé por la parte técnica: cómo montar un sitio Web, cómo subirlo, como administrarlo y que si FTP, que si PIN, que si DNS, toda esta gran cantidad de términos técnicos que manejamos en Internet y que hoy en día es lo común.

Yo me pasaba muchas pero muchas horas frente a la pantalla del computador. En aquella época compartíamos un apartamento con mi hermana, con unos primos, y teníamos muchos amigos. Todos me criticaban que yo me pasaba mucho tiempo en el computador en vez de estar tratando de dedicar el tiempo a hacer otro tipo de cosas.

Hoy se ríen y me dicen: "Álvaro, menos mal que no nos prestó atención a esa guerra dura que le hicimos". En algún momento fue duro, en algún momento me tocó decirles: "Bueno, no se metan conmigo. Yo veré qué es lo que estoy haciendo, si estoy perdiendo el tiempo yo soy el que estoy perdiendo el tiempo, no es usted. Entonces, déjenme que, si esto no me funciona, yo sabré cuándo tendré que decir que no".

Lo respetaron pero, sin embargo, yo sé que internamente mucha gente decía: "Qué bruto Álvaro, semejante tipo tan inteligente, en vez de estar haciendo este tipo de cosas él debería estar trabajando en una gran corporación". Cuando yo estaba trabajando en una empresa importante acá, me decían: "Pero, Álvaro, le está dedicando más tiempo a eso que a lo otro. Debería retirarse y tratar de armar carrera en la otra empresa". Realmente fue mucha la oposición.

Hoy en día, cuando me encuentro con ellos o cuando hablo con la gente, la gente me dice: "No, Álvaro, afortunadamente hizo caso omiso de todo lo que le estábamos diciendo. Si no, usted no habría llegado donde llegó hoy".

Esa es una de las cosas que tenemos que enfrentar nosotros los emprendedores, muchas críticas porque la gente no nos entiende, y no nos entiende porque nosotros vamos en contravía de todo lo que está haciendo el resto del mundo. Eso es algo que nos enseñan, no estoy diciendo que nuestros padres, pero la cultura en general. Te dicen: "Tú tienes que ir al colegio, tienes que tener buenas notas; tienes que pasar a la universidad, tienes que tener buenas notas. Cuando te gradúes, tienes que buscar un trabajo en una buena empresa y tratar de mantener ese trabajo y crecer dentro de esa empresa". Los que nos desviamos para crear empresa propia, la gran mayoría de la gente cree que estamos perdiendo el tiempo.

Hay mucha gente que piensa que ser un emprendedor exitoso es una cuestión de talento pero, a mi juicio, con talento no basta. Con talento no basta y te voy a dar un ejemplo: tú puedes ser el mejor médico cirujano del mundo pero, si nadie te conoce, de nada sirve que tengas el mejor talento. Te puedo dar otro ejemplo: hay un violinista de talla mundial que se llama Joshua Bell. Cuando él da un concierto, lo hace en los grandes escenarios lujosos, con costos de entrada elevadísimos. El violín que él toca es un violín Stradivarius de cinco millones de dólares. Obviamente tiene todo el talento del mundo, ha venido tocando violín desde que nació prácticamente.

Él hizo un experimento social bien interesante: se paró en el metro de la ciudad de Washington, sacó su Stradivarius de cinco millones de dólares, empezó a tocar frente a los transeúntes del metro. Pasaron miles y miles de personas y, después de un concierto de un famoso con un talento grandísimo, con un violín de cinco millones de dólares, creo que recaudó unos 50 dólares en propinas. Muy poca gente paró a verlo y, obviamente, acá hay muchas enseñanzas.

Indudablemente, depende de cómo te posiciones. Hay mucho de marketing detrás de todo este tipo de cosas pero, en cuanto al talento, tú puedes tener a la persona más talentosa del mundo y fracasar si no se da a conocer de la manera adecuada, si no tiene un posicionamiento adecuado.

Entonces, el talento por sí solo sirve pero no lo es todo. A mí me parece que talento más marketing, talento más posicionamiento, ya cobra un poco más de sentido. Ahora, otras personas dirán: "No, quizás la clave del éxito aquí está en todo lo que tenga que ver con la motivación", pero resulta que la motivación tampoco es suficiente ni para que uno sea talentoso ni para que uno tenga el éxito en un negocio.

De hecho, en este punto me acuerdo de una frase célebre de una persona que desafortunadamente ya falleció, uno de los pensadores y líderes empresariales de este mundo, que fue Jim Rohn. Él decía: "Si tienes un idiota y lo motivas, lo único que vas a tener es un idiota motivado". Así que la motivación tampoco basta, ni para tener talento ni para tener éxito.

Tampoco es que nazca uno con el talento, uno puede cultivar ese talento y hacerlo crecer. Para eso no hay necesidad de reinventar la rueda. Tú tienes que estar constantemente educándote y capacitándote. Si tú quieres convertirte en el mejor médico de tu ciudad, tienes que seguir los pasos de aquellos médicos que ya ocupan ese posicionamiento que tú quieres. Si tú deseas ser uno de los líderes de la industria del marketing y los negocios por Internet, tienes que seguir las huellas y los pasos de las personas que ya están donde tú quieres estar.

No es para copiarlos, es para modelarlos, es para ver qué están haciendo, qué puedes aprender de ellos, qué puedes modificar, innovar y adoptar de ellos. Este tema del emprendimiento está íntimamente relacionado con la educación continuada. O sea, nosotros los emprendedores estamos constantemente educándonos, comprando cursos, asistiendo a seminarios. Tenemos nuestros coaches o entrenadores, tenemos asesores cuando necesitamos asesoría, pagamos con gusto consultorías, miramos con detalle qué es lo que está haciendo otra gente, no solamente en nuestro mercado sino en otros mercados, y aquí es donde la palabra "educación" es clave.

Acá la educación es sin parar, es algo constante. Muchas personas creen que cuando uno tiene éxito ya llega un punto donde no necesita educarse pero, por el contrario, uno está constantemente educándose. De hecho, gran parte de mis ingresos anuales los reinvierto en mi propia educación porque, en la medida en que yo reinvierto ese dinero en mi propia educación, mi dinero va a crecer mucho más rápido porque estoy aprendiendo, porque les he seguido las huellas a otras personas.

Ahí viene otra frase bien interesante de Jim Rohn que decía: "El éxito deja huellas". ¿Tú quieres tener éxito? Sigue las huellas de las personas que ya son exitosas, modélalas y aprende de ellas, pero también podrías pensar que con la educación no basta. Efectivamente, con la educación no basta, y ahí es donde viene algo bien importante y es la acción: pasar a la acción.

Por eso es que a mí no me gusta hablar de educación sino de "educacción". Es decir, todo lo que tú aprendas tienes que ponerlo en acción y, cuanto más rápido pases a la acción, independientemente de que vayas a cometer errores o no – porque efectivamente los vas a cometer–, mucho más rápido vas a poder llevar tu emprendimiento o tu idea o tu negocio a buen puerto.

Algunas personas temen tomar este tipo de riesgos. Es decir, se educan pero no pasan a la acción. Esta parte de la acción la toman como un riesgo. Pero si tú no pasas a la acción y no implementas todo aquello que has venido aprendiendo, no vas a poder tener absolutamente nada para mostrar. Si te la pasas estudiando, seguramente al fin de tu vida vas a tener un coeficiente intelectual más alto, pero el coeficiente intelectual de nada te va a servir si no aplicas esa inteligencia adquirida en algo productivo, si no la aplicas en tu emprendimiento.

Entonces, no hay que tenerle miedo a cometer errores porque, efectivamente, de los errores es de donde uno más aprende. De hecho, yo te digo que, si realmente tú quieres aprender y quieres llegar a niveles inimaginables, entre más rápido cometas errores, mejor. Aquí me acuerdo de otra historia y es cuando Thomas Alva Edison inventó la bombilla eléctrica. Dice la leyenda que le tomó más de mil intentos, quizás incluso más, antes de hacer que el bombillo funcionara fracasó mil veces. Entonces, él no ve el fracaso como un fracaso, sino que él ve cada una de esas veces que fracasó como un aprendizaje, como estar un paso más cerca de donde quiere llegar.

En últimas, eso es lo que hacemos nosotros los emprendedores. Nosotros tomamos riesgos calculados, cometemos errores, pero aprendemos de nuestros errores. Es decir, nos caemos y nos volvemos a levantar, nos caemos y nos volvemos a levantar.

Mucha gente cree que uno tiene el éxito que tiene porque ya nació con ese éxito, pero no se da cuenta de que, si uno es exitoso hoy, es por lo que ha venido haciendo durante los últimos veinte o treinta o cuarenta años, o desde que nació o desde hace muchos años.

Entonces, esto no es suerte, no es de la noche a la mañana que se dan los resultados, sino que es producto de una serie de pasos previos que ha habido y que han producido muchos dolores de cabeza, donde ha habido muchas caídas, donde ha habido muchas resbaladas, donde muchos de tus competidores te ponen zancadillas, pero tú sigues adelante. No sé si esta es una característica de todos los emprendedores pero, en particular, yo soy una persona muy terca, muy obstinada y, cuando a mí se me mete algo en la cabeza, lo tengo que llevar adelante, para bien o para mal.

Lo bueno es que, cuando sé que estoy yendo por mal camino, llega el momento en que digo: "Qué bruto, ¿cómo estoy haciendo esto? Más bien paremos y reenfoquemos nuestras energías hacia otras partes".

Ahora, otra cosa que a mí me ha servido muchísimo en este caminar en el mundo del emprendimiento es que uno tiene que ser una persona humilde y tiene que reconocer lo que acabo de decir: que uno no nació ya siendo exitoso, sino que ha sido todo un proceso. Tiene que tener uno la humildad de recordar cuáles fueron sus orígenes cuando empezó de cero, cuando uno era un completo desconocido, y esto lo digo porque hay muchas personas que desafortunadamente tenían la oportunidad de trabajar y que llegaron a ser muy brillantes, llegaron a la cima y hoy en día son completos desconocidos porque les faltó tener la humildad de recordar cuáles fueron sus orígenes.

Creen que se las saben todas, que ya no tienen nada que aprender de nadie más. "Ya estoy en la cima. De todos los que están por debajo no tengo absolutamente nada que aprender. A mí me tienen que mirar como a un Dios", eso realmente no funciona. Cuando uno pierde la humildad y cree que se las sabe todas, de la noche a la mañana se va a caer de la cima a un lugar incluso por debajo de cuando estaba empezando del punto número cero.

Por eso una de las cuestiones que a mí más me han gustado de emprender y de capacitar a otros emprendedores para que logren sus respectivas metas y lleven a buen puerto sus emprendimientos, algo que a mí me motiva es todo lo que yo aprendo de ellos. Quizás podría decir que es más lo que yo aprendo de ellos que lo que yo les doy a ellos en cierto sentido, porque eso es un motor.

La idea es que hay que ser humilde con todo lo que se hace. No puede creerse uno más de lo que es y hay que estar dispuesto a tener la mentalidad abierta a aprender de gente que quizás sepa menos que tú en algunas áreas, porque tú no tienes todas las fortalezas en todas las áreas. En otras áreas en las que tú no eres bueno tienes que buscar compañía, tienes que buscar aprender de otras personas, hacer alianzas estratégicas con otras personas para que tus fortalezas ayuden a las debilidades de esa persona y tus debilidades sean complementadas por las habilidades de la otra persona. Esos son ya como secreticos de este mundo del emprendimiento.

Lo que sí, cuando uno es emprendedor, es muy difícil dar vuelta atrás. En este momento yo no me podría ver buscando trabajo, buscando trabajo para otra persona, porque esto ya lo lleva uno en la sangre, lo lleva uno en el corazón.

Cuando un emprendedor trabaja y le quitan todo, digamos que entra en bancarrota o algo por el estilo. Te voy a dar un ejemplo, por ejemplo, Donald Trump. Donald Trump, ultramillonario, muy inteligente, muy emprendedor, se ha ido a la bancarrota, creo que ni siquiera una vez: dos veces. Pero cada vez que vuelve ha regresado más fuerte porque hay algo que nadie le puede quitar. Tú puedes perder todo tu dinero, se te puede perder tu lista, tu negocio se puede acabar, la economía se puede ir para abajo, pero algo que absolutamente nadie te puede quitar es toda la experiencia que tú tienes acumulada de todos los años y todo lo que tienes en tu cabeza.

Todo lo que tienes ahí, producto de este mundo emprendedor, tú podrías volver a empezar de cero y volver a llegar a límites inimaginables solo con lo que tienes en tu cabeza, de tal manera que también la parte de mentalidad es muy importante, porque no todo el mundo tiene la mentalidad del emprendedor. No todo el mundo tiene las características de nosotros los emprendedores.

Tenemos una mentalidad de abundancia en vez de escasez, tenemos una mentalidad abierta a tomar riesgos calculados, no ir a la loca por el mundo tampoco. Entonces, todo este tipo de cosas son bien interesantes.

Además, todos tenemos, en mayor o en menor grado, creatividad que debemos enfocar en crear mercados. Hay que innovar. Me acuerdo de otra persona muy famosa, que no sé si vive todavía o no, se trata de Peter F. Drucker. Básicamente, él decía que un emprendedor busca el camino, responde a este y explota sus oportunidades. La innovación es una herramienta específica de un emprendedor. Por lo tanto, un emprendedor, efectivamente, convierte una fuente en un recurso.

Entonces, sí tiene mucho que ver esto de la innovación. ¿Y cómo puede uno innovar? La única forma de innovar es conociendo a tu público objetivo de la forma más profunda posible. Tienes que hacer la respectiva investigación de mercado, tienes que tener tu avatar, tienes que saber quién es tu cliente ideal, tienes que saber qué es lo que lo desvela de noche en relación con lo que tú vendes u ofreces. Tienes que saber cómo le gusta consumir la información, qué tipo de cuestiones lee, dónde se congrega. Tienes que conocerlo como la palma de tu mano.

Esa parte es supremamente importante, porque muchos emprendedores hemos cometido el error de que creamos un producto y después vemos a quién se lo vamos a vender. La pregunta correcta es a qué mercado vamos a servir, qué problemas tiene ese mercado, cómo le voy a aportar yo la solución de ese problema a ese mercado. Esa parte es clave.

La segunda parte clave que le va a permitir a uno innovar y ser diferente de lo que está haciendo todo el mundo es que tú tienes que hacer un análisis de la competencia. Primero tienes que saber quién es tu competencia, qué están vendiendo, cómo lo están vendiendo, con qué color, sabor, empaque, precios, cuáles son sus métodos de marketing; si están vendiendo o no están vendiendo por Internet, cuáles son las estrategias de comunicación con sus prospectos, cómo están prospectando, cómo están fidelizando, cómo están haciendo todos esos diferentes procesos. Después tienes que buscar una forma en que tú te diferencies de los demás, de tu competencia. Ahí es donde entra un término específico y muy importante de marketing, que es "la proposición única de ventas".

¿Qué es la proposición única de ventas? La proposición única de ventas es aquello que te hace diferente, que te hace único en tu industria, que te hace único en tu ramo. Cuando tú tienes una posición diferenciadora, una proposición única de venta, básicamente lo que tú le estás ayudando a contestar a tu público, a tus prospectos es la pregunta que ellos están haciéndose internamente: "¿Por qué yo he de comprarle a usted sobre cualquier otra alternativa en el mercado?". E incluso el hecho de no tomar acción.

Entonces, la única forma de poder responder a esa pregunta de por qué tienen que hacer negocio conmigo y no con cualquier otra alternativa que haya en mi mercado es teniendo un factor diferenciador y sabiendo comunicarlo. De ahí la importancia de que cada uno de nosotros tengamos algo que nos diferencie.

Tenemos que tener nuestra proposición única de ventas. Debemos no solamente tenerla sino comunicarla al mundo porque, si tú eres el único que lo sabe y ninguno de tus empleados o nadie de tu gente sabe cuál es el posicionamiento diferenciador de tu empresa, cada uno va a estar comunicando un mensaje completamente diferente al mercado. Así que sí hay que diferenciarse.

Acá a mí me gusta hacer la analogía con el espejo. Cuando tú te miras frente a un espejo, si yo levanto la mano derecha, en el espejo parece que la mano que se levantó fue la izquierda. Si yo levanto la izquierda, aparentemente la que se levantó en el espejo es la derecha, la contraria.

Eso es lo que tenemos que hacer nosotros para diferenciarnos. Si nuestro mercado está cogiendo por la derecha, nosotros tenemos que coger por la izquierda. Si nuestro mercado está acostumbrado a vender productos de bajo precio, nosotros vendemos de alto precio. Si nuestro mercado tiene una tendencia a tener productos de alto precio, me voy por precios menores o ultra altos precios. Si la gente dentro de mi industria se caracteriza por lentitud en el servicio, me voy por la rapidez. Si la gente en mi industria no está acostumbrada a dar garantía, yo ofrezco una garantía.

Tengo que ir al contrario de lo que está haciendo el resto de la gente, pero no es contrario por contradecir al mercado, sino contrario en beneficio de tu consumidor final. Una buena proposición única de ventas, un buen diferenciador, es lo que han construido las grandes industrias que tenemos el día de hoy.

Te voy a dar dos ejemplos. Por ejemplo, Federal Express. Federal Express tiene muchísima competencia. Está el servicio postal tradicional de los Estados Unidos, está DHL, está UPS y hay una gran cantidad de otros couriers. ¿Qué fue lo que le permitió a Federal Express, cuando era un completo desconocido, pasar a ser el líder de su industria? Empezó a ofrecer algo que los demás no estaban ofreciendo y, básicamente, su proposición única de ventas era: cuando absolutamente, necesariamente, su paquete tiene que estar a primera hora del día siguiente. Eso fue lo que lo diferenció, los servicios de envío postales durante la noche u overnight. Eso fue lo que construyó y ellos son los líderes en esa categoría. Cuando uno piensa en Federal Express, piensa en confiabilidad y rapidez en el servicio.

Hay otra que me gusta mucho contar y es Domino's Pizza. Cuando Domino's Pizza empezó ni siquiera podíamos hablar de que era una cadena de pizzerías. Era una pizzería cerca de una ciudad universitaria, no me acuerdo exactamente en qué ciudad de los Estados Unidos. Empezó de ahí a lo que tienen hoy, que es una de las cadenas de pizzerías más grandes del mundo. ¿Cómo empezó? Porque tenían un factor diferenciador de todo lo que existía en ese entonces. En ese entonces no eran famosas las entregas a domicilio, la demás gente estaba preocupada por los ingredientes o por tener la receta de la abuela italiana. Eso era lo que estaba destacando la otra gente.

¿Qué fue lo que hicieron ellos? Buena parte de la proposición única de ventas era que estaban ubicados en una zona universitaria. Entonces, ¿cuál era su público objetivo, a diferencia del resto de cadenas que no se dedicaban a ese segmento del mercado? Eran los estudiantes. ¿Cuáles eran las necesidades de los estudiantes? Entraron a investigar a todos los estudiantes y todos los pedidos, a qué horas pedían, qué pedían, todo este tipo de cosas.

Se dieron cuenta en aquella época de que los estudiantes universitarios se fumaban sus cachitos de marihuana y, cuando se fumaban sus cachitos de marihuana, el cuerpo estaba necesitando carbohidratos. Y cuando necesitaban carbohidratos, ¿qué era lo que iban a hacer? No iban a pedir comida china, iban a pedir pizza, que era rápido y se las llevaban a domicilio. No se iban a poner a cocinar, no iban a ir a un restaurante. Y, basándose en eso, crearon su proposición única de ventas y su proposición única de ventas fue muy inteligente y fue la que los llevó al imperio que tienen hoy y es: pizza fresca y caliente en 30 minutos o menos, garantizado.

Lo repito: pizza fresca y caliente en menos de 30 minutos o es gratis. ¿Pues a quién iban a llamar? A esta pizzería, Domino's Pizza. Fíjate que en la proposición única de ventas no estaban diciendo que era la mejor pizza ni los mejores ingredientes ni la receta de la abuela materna ni nada de ese tipo de cosas. Ni siquiera están prometiendo buena pizza. Lo único que están prometiendo es pizza fresca y caliente entregada en menos de 30 minutos o, de lo contrario, es gratis. Así fue como construyeron el imperio que tienen el día de hoy.

Eso es lo que tú tienes que pensar, cómo te vas a diferenciar tú del mercado, cómo te vas a posicionar en la mente de tu público de una forma diferente a como lo está haciendo el resto de la gente. Esto aplica para todo, esto no solamente aplica para pizzerías ni para empresas físicas, nada. Tú como persona, tú como profesional independiente, si tú eres un profesional multinivel, tienes que tener una proposición única de ventas. Si tú eres un profesional que eres un coach, un consultor, un autor, tienes que posicionarte de una forma diferente a como se está posicionando el resto de la gente de tu industria.

Tienes que contestarte internamente la pregunta que te está haciendo tu cliente: ¿por qué han de hacer negocios contigo sobre cualquier otra persona del mercado? Es supremamente importante porque tu factor diferenciador no es la empresa, tu factor diferenciador no son los productos y servicios, porque hay miles, cientos de miles o decenas de miles de distribuidores vendiendo exactamente lo mismo.

Entonces, ¿cómo te posicionas tú frente a todos esos otros distribuidores que son tu competencia para vender lo que tú estás vendiendo, tu oportunidad de negocio? ¿Cómo te vas a diferenciar? ¿Cuál es tu proposición única de ventas? Ahí es donde los grandes líderes de multinivel empiezan a diferenciarse, por capacitación, porque les dan herramientas, porque están pendientes no solamente de reclutar y "fírmeme aquí" y vamos por el siguiente, sino que va a haber un acompañamiento: te voy a enseñar, te voy a llevar de la mano, te voy a llevar de la A a la Z. "Mira que vamos a tener esto, te invito a esto. Te voy a invitar a seminarios".

Eso es en lo que tienes que diferenciarte. Entonces, ¿cómo puedes hacerlo? La única forma en que lo puedes lograr es analizando tu mercado y analizando las necesidades de tu mercado, de tu público objetivo, mirando qué es lo que está haciendo tu competencia, viendo cómo te diferencias de una forma que haga absurdo que la gente no te escoja a ti sobre cualquier otra de las alternativas posibles.

Entonces sí, efectivamente, regresando a la cuestión original, que empezamos desde talento, diferenciación: todo este tipo de componentes son básicos para cualquier emprendedor, cualquier persona que quiera llevar a buen puerto su negocio o su emprendimiento.

Por supuesto también es muy importante la perseverancia. Como he comentado antes, yo soy una persona muy terca. Sin embargo, hay que saber distinguir entre la terquedad y la obsesión y saber hasta dónde se puede llegar, cuándo es suficiente y, especialmente en la parte inicial de un emprendimiento, cuánto hay que arriesgar.

Es muy difícil de decir porque, evidentemente, uno tiene que tener algún tipo de indicador de gestión de que lo que está haciendo lo está haciendo bien o que es el momento de dar paso atrás y volver a poner en fila las baterías. Pero eso sí ya depende de la tolerancia que cada una de las personas tenga en particular. Hay gente más paciente, gente más impaciente, pero siempre tenemos que ir midiendo sobre el camino cómo estamos haciendo. Es que muchas personas creen que el camino al éxito es como ir de aquí a acá y que es una línea recta, pero realmente el éxito es: sube uno por acá, baja por acá, se lleva por acá, regresa, se devuelve, hasta que finalmente llega donde quiere llegar. O sea, es lo más lejano de una recta, de un punto al otro.

La idea de que los emprendedores somos tercos u obstinados o empecinados en hacer que las cosas funcionen puede ser bueno y puede ser malo. Uno sabe cuándo las cosas no están funcionando y es hora de parar o reevaluar o mirar qué es lo que está uno haciendo mal.

Por eso es que recurrimos a algo que yo decía con anterioridad.

Si tú quieres tener éxito, muy seguramente otras personas ya han tenido ese éxito que tú quieres tener y se vuelva tu modelo o el punto hacia donde quieres llegar. Tienes que modelarlos, tienes que analizar mejor qué es lo que están haciendo bien y qué yo no estoy haciendo bien, qué es lo que ellos están haciendo que yo no puedo hacer y, en últimas, si no puedes resolverlo los contratas, les pides una asesoría.

Recuerda: el éxito deja huellas. Lo único que tú tienes que hacer es seguir las huellas de otras personas que ya han tenido éxito. Entonces, por obstinado, por terco, no me estoy refiriendo necesariamente al aspecto de terco y solamente vale mi opinión. No, terco es empecinado a que lo voy a llevar a buen puerto, pero estando abierto a tener y traer los recursos de otras personas que me pueden acelerar ese aprendizaje.

Terquedad no quiere decir hacerlo por sí solo, terquedad y obstinación no quiere decir que lo hago sin importar lo que diga otra gente o la experiencia que tenga otra gente, o que voy a tratar de reinventar la rueda. No es terquedad en ese sentido, es terquedad en el sentido de que, cuando nos metemos algo en la cabeza, cuando sabemos y tenemos un norte claro, vamos a hacer todo lo que esté en nuestras manos, todo lo que tengamos la capacidad de hacer, en términos legales, para poder llegar a ese punto.

La terquedad tampoco es hacer cosas ilegales para llegar más rápido donde quiero llegar y después meterme en un lío y en un problema. No, es hacer todo de forma ética. Acá se mezclan muchas cosas, la parte ética, la parte moral, la parte de agallas. Entonces, básicamente no es terquedad en ese sentido, sino terquedad en cuanto a este punto de vista que estoy tratando de mostrar.

Creo que hay mucho por llevarle a la gente para que aprenda y seguir adelante en esto del emprendimiento y el tener coraje para emprender. Así que no tengas miedo a seguir las huellas del éxito.

Álvaro Mendoza es el fundador de MercadeoGlobal.com desde donde ayuda a emprendedores y dueños de negocios a generar más prospectos, cerrar más ventas y hacer crecer sus negocios para que puedan disfrutar la vida que quieren y merecen vivir.

Esta es mi historia

Por Luis Eduardo Barón
www.comoempezarunnegocio.com

Siendo un colombiano nacido en Ibagué fue un gran cambio para mí cuando a los 8 años llegué a la capital, Bogotá. Después de graduarme del colegio entré a estudiar Arquitectura (tenía el sueño de hacerlo desde los 4 años) y, aunque lamentablemente nunca la ejercí lo suficiente, nunca habría llegado a ser lo que soy si no hubiera estudiado esa carrera.

Desde muy joven empecé a trabajar en televisión, mi hermano, Jorge, tiene una empresa de televisión así que yo trabajaba muchísimo en esta área. Allí comencé desde cero, llevando las cintas al estudio, unas cintas pesadísimas, eran de dos pulgadas de ancho y, para un niño de 13 años, cargar esas cintas tan pesadas era extenuante. Poco a poco me fui involucrando más en el tema y empecé también a trabajar en cine y al graduarme de colegio realicé un cortometraje.

Empecé a estudiar Arquitectura, pero la televisión siempre me estaba rondando. Así que siempre seguí involucrado y mientras estudiaba mis primeros semestres iba trabajando en la empresa de mi hermano, en ese entonces empezaba a llegar la televisión a color en Colombia.

Pero yo sentía que no encajaba muy bien con los nuevos equipos, acostumbrado uno a la flexibilidad, a la parte artística del cine, pasar a manejar unas cámaras de televisión rígidas con las cuales uno no se podía mover porque eran muy pesadas, era un cambio muy grande y me costó trabajo porque a mí me gustaba hacer las tomas desde diferentes ángulos, botarme al piso, etc. y siendo camarógrafo me sentía atrapado, así que me

29

fui por el lado de la edición y ahí sí encontré más creatividad.

En paralelo a todo esto, seguía estudiando mi carrera de Arquitectura y, para los que saben cómo es esto, saben que la carrera de Arquitectura es una carrera de trasnocho y los que conocen el mundo de televisión y de cine, saben que uno conoce la hora en la que empieza pero no en la que termina, era muy complicado manejar los dos horarios. Por lo que me tocó desarrollar un sistema que me permitiera cumplir con las dos labores. Eso me llevó a tener una disciplina de trabajo y poder hacer varias cosas a la vez y realizar varios proyectos de manera organizada. Aún hoy sigo estos sistemas y siempre me han funcionado perfectamente para llevar a cabo todas las tareas que tengo.

Trabajando en Televisión

Desde que tenía 15 años, cuando empecé a trabajar en paralelo con mis estudios y en la televisión, tenía que aprender a rendir en las dos cosas. Algo que, creo, me ayudó mucho fue que desde niño siempre me gustó leer y escuchar estaciones de onda corta en la radio de todas partes del mundo y con esto lograba contrastar la opinión escuchando noticias de diferentes países con diferentes versiones y eso me ayudó a crearme mi propia opinión, a no "tragar entero", a formarme mi propio criterio. Así crecí.

Después seguí estudiando Arquitectura pero dejé la televisión por algunos años. Pero me iba volviendo loco porque como ya había desarrollado la disciplina de hacer varias cosas a la vez me tocaba empezar a buscar otras cosas que hacer. Me inventé otras actividades con mis compañeros de estudio. Tenía mucho tiempo libre porque la disciplina ya la tenía y sólo estaba haciendo una cosa, estudiar, y me sobraba el tiempo. Así que comenzamos un grupo de estudio, ayudábamos en ancianatos, creamos opinión dentro de la misma universidad.

Pocos años después, se me dio la oportunidad y volví a la televisión a trabajar en la parte administrativa, pero a mí lo que me gustaba era la parte creativa, la parte técnica y me colocaron en el área administrativa, detrás de un escritorio, un lugar en el que yo jamás me habría imaginado estar. Pero esto me dio otra enseñanza grandísima que fue la parte de cómo manejar un negocio, de saber cómo leer balances, saber sobre utilidades y gastos. Eso fue muy importante para mí porque después me sirvió muchísimo cuando creé mi propia empresa. En esta parte administrativa entré por un contrato de un año y terminé trabajando trece. En esos trece años logramos posicionarnos como una de las empresas más importantes del país y alcanzamos muchos éxitos, terminé como gerente general de la misma.

Pero a mí lo que me llamaba la atención era crear, así que yo me fui por lo que, yo encontré, era lo más importante y es de lo que siempre hablamos en Internet: El Contenido. El contenido es el rey en cualquier plataforma que tu pienses, entonces yo me di cuenta que si queríamos tener mejores ingresos, teníamos que tener mejor contenido porque eso era lo que estábamos vendiendo. Me encargué más de la programación y me empecé a involucrar muchísimo tanto en el desarrollo de proyectos propios como en la compra de material extranjero para transmitir.

Me volví un experto en conocer de artistas, de las películas, de cuáles eran más vendedoras. Todo lo que era de Kung-fu, Bruce Lee, Rambo, todo lo de Stalone, o VanDamme se vendía muchísimo. Me gustó mucho empezar a ver cine; montamos con mi esposa, que en ese tiempo era mi novia, un videoclub muy interesante con un concepto muy diferente al cual le llamábamos Videobanco y tenía la apariencia de un banco, inclusive el "cajero automático". Lo único era que no era automático, teníamos una persona detrás atendiendo. Pero la gente llegaba y podía sacar su videocasete, que era lo que se usaba en esa época y, como yo veía tantas películas, me llevó a aprender mucho de cine y me ayudaba a ver qué programar porque sabía cuales eran las que más gustaban, los artistas más famosos y por el casting sabía si la película era buena o no. Desarrollé una habilidad para reconocer qué gustaba o qué no.

Con esto empezamos a programar muchísimas películas y series y eso fue un gran éxito. Con el tiempo se empezaron a hacer programas nacionales con éxito en el tema de dramatizados, telenovelas, etc., entonces tuve que aprender a ver cuáles eran los mejores libretos y cuáles podían generar más audiencia. Me tocó meterme a la universidad otra vez a estudiar libretos, cómo se hacían y todo eso porque yo no tenía ni idea y para poder hablar con los libretistas y entender todo el tema tenía que aprender. Terminé escribiendo yo mismo algunos argumentos e historias que terminaron siendo muy exitosos en mi país.

Ya en este momento entonces había trabajado muchos años en televisión, había hecho programas, había trabajado en la parte administrativa, había hecho televisión cuando esta estaba empezando y, después, cuando llegó El Chapulín Colorado, el personaje del recién fallecido Roberto Gómez Bolaños, a quien admiré muchísimo porque fue alguien que revolucionó la televisión, programas que tenían ya efectos en los cuales el se volvía chiquito y hacía una cantidad de cosas, pues eso lo inspiraba a uno para hacer lo mismo con los pocos recursos que existían en esa época. Hoy en día tu puedes hacer eso con tocar un botón, en esa época teníamos que ser creativos, la pantalla verde, no era verde sino azul y entonces hacíamos muchas cosas que fueron inspiradas en lo que hacia El Chapulín Colorado, lo usábamos en los musicales y en otras producciones.

En esa época también estaba llegando MTV a Colombia con los videos musicales, pero nosotros ya habíamos estado haciendo videos musicales para esa época. Eran cosas supernovedosas. Me tocó grabar con muchos de los contemporáneos nuestros como José Luis Perales, a quien usamos para enamorar a más de una y con muchos otros artistas que nos visitaban a nosotros para que les hiciéramos los videos musicales porque éramos los que sabíamos hacerlos, como Menudo, éramos los precursores y éramos los que estábamos haciendo ese tipo de producciones que era algo diferente de lo que se veía en Latinoamérica e incluso en España.

Nuevos Caminos

Entonces ya conocía yo la parte técnica, ya sabía la programación, ya había aprendido de administración así que llegó un punto en el que ya quería volar solo. Estuve muchos años en la empresa en la que tuve a mi único jefe, a mi hermano, a quien admiro y quiero muchísimo, que adoro porque realmente ha sido una gran persona, un papá para mí, que fue mi primer y único jefe. Pero llegó el momento, yo era ya el gerente de la compañía, había muchas cosas que hacer pero llegó el momento en el que vi que yo podía volar por mi cuenta, hacer mis cosas solo, aunque siguiera apoyando a la empresa. Me salí y creé una productora y ahí fue una etapa nueva de mi vida.

En ese momento empezamos las producciones independientes y me contrataron para hacer una telenovela, fui el primer productor independiente en hacer una telenovela en Colombia, la hicimos para los Estados Unidos, pero pasaron muchas cosas, el proyecto fracasó por diferentes circunstancias, pero yo ya lo había empezado y tenía que terminarlo. Me levantaba todos los días a las 4 de la mañana a caminar por mi casa y pensar en cómo hacer para pagarles a los actores que ganaban ¡60 mil dólares, el director ganaba 25 mil dólares! Unas cifras impresionantes y yo llegué a tener, en un punto, alrededor de 100 empleados.

Me preguntaba cómo hacer para sacar el proyecto adelante y sabía, que lo primero y más importante que tenía que hacer, era tener fe en mí mismo (y en Dios) y nunca darse por vencido y seguir hacia adelante. Las cosas tienen que hacerse, uno tiene que cumplir y ser honesto y pensar que todo iba a salir bien. Y así era, yo me levantaba a las 4 de la mañana a dar vueltas y pensaba que iba a tener que vender la casa, tener que hacer quién sabe qué para conseguir el dinero. Pero yo siempre he dicho que cuando se cierra una puerta se abre otra y comenzamos a distribuir material extranjero como la serie Plaza Sésamo o Barrio Sésamo y otras películas de las cuales tenía derechos; con todo el conocimiento que tenía y todos los contactos que había generado, las distribuidoras ya sabían quién era yo, confiaban en mí y me daban entonces material para que pudiera distribuirlo en Colombia. Eso me dio el capital para pagar lo que debía.

Yo digo que mi mayor patrocinador en mi vida en ese momento fue Plaza Sésamo, mis niños que eran pequeños tenían que comprar un muñeco de Plaza Sésamo porque era el "patrocinador oficial" de cualquier viaje que hacíamos. Fue una época muy interesante y me ayudó a darme cuenta de que había que reestructurar las empresas, que no necesariamente al tratar de hacer uno las cosas más grandes eran las más rentables.

Cuando empecé a hacer esto de la distribución, la compañía

que tenía 100 empleados había pasado a tres o cuatro personas. Ahí fue cuando se involucró mi esposa, cosa que agradezco porque me ayudó muchísimo. Hace poco me preguntaron que yo cómo hacía para trabajar junto con ella y yo respondí que no sé cómo hago para no trabajar juntos, por que para mí ella es fundamental. Una de las cosas que yo considero que son buenas en mi vida es que yo sé reconocer mis debilidades y sé reconocer las fortalezas de los demás, entonces yo me acomodo muchísimo a trabajar con otras personas y nunca tengo problemas para trabajar con ellas. Con mi esposa siempre he hecho muy buen equipo, yo reconozco que ella es mi "jefe".

Cuando empezamos y mi esposa tuvo que enfrentarse a muchas cosas, ella decía "no, yo no puedo" o "yo no sé hacer esto" y yo le di a ella el mismo consejo que le doy a mis alumnos: haz las cosas. La única forma que tú tienes de aprender es haciéndolas. Hoy en día ella maneja los programas de contabilidad y todo eso mejor que cualquiera, es toda una experta en el tema. Eso lo logró porque la gente rompe el miedo, vence ese miedo y se decide a hacer las cosas.

Nunca se dejen amedrentar por algo, ustedes lo pueden hacer. La peor decisión que pueden tomar es pensar que no pueden y entonces abandonar sin haberlo intentado. Si tú abandonas nunca vas a saber si tenías la capacidad para haber tenido el éxito o no. La mayoría de la gente que no tiene éxito es porque no decide tomar la decisión de hacer algo. Por susto a fracasar o a tener éxito. Hay mucha gente que dice que no quiere complicarse la vida y por eso también tienen miedo al éxito. Eso impide que mucha gente deje de hacer muchas cosas.

En la época en la que me tocó hacer la distribución de películas, llegó un momento muy interesante para Colombia porque se alinearon todos los problemas en un solo país, que si salió adelante es porque es un gran país y yo lo admiro mucho. Vino la época de la guerrilla, los paramilitares, el narcotráfico, todo al mismo tiempo y al gobierno, honestamente, le quedó grande, no pudo con todo esto, porque en la lucha que se dio contra el narcotráfico se perdió la batalla contra la guerrilla y esta tomó más fuerza y a la reacción de la guerrilla surgieron los paramilitares y el país estaba dividido como en cuatro pedazos, prácticamente.

En esa época era muy difícil salir, tuve amigos que perdieron la vida porque les explotó una bomba en el carro que tenían al lado, a nosotros mismos un día yendo por una de las calles de Bogotá nos estalló una bomba a la vuelta de la esquina, si el semáforo hubiera cambiado unos segundos antes no estaríamos acá contando el cuento. Fue una época muy difícil que vivió Colombia que después degeneró en el problema de la guerrilla y a finales de los 90 todos estábamos desesperanzados y muchos cobardes, como yo, salimos del país. Yo lo hice pensando en mis hijos. Queríamos que ellos vivieran otra realidad, que se levantaran en la mañana y pensaran de otra forma. Era muy triste que nosotros llegábamos a la casa – vivíamos en una casita a las afueras de Bogotá– y lo primero que nos tocaba decirles era el plan en caso de que la guerrilla se tomara el área: te tienes que esconder acá, tú acá, y cada uno tenía un sitio donde hacerlo. A veces se levantaban con pesadillas, entonces nosotros pensamos que así no debería ser y por eso intentamos empezar una vida en otro lado.

Entrada a los Estados Unidos
No vinimos a los Estados Unidos con la idea de quedarnos, vinimos con la idea de explorar posibilidades y que mis hijos aprendieran inglés. La época era difícil en Colombia y yo apenas estaba empezando la empresa, llegaron nuevos canales y yo tenía la oportunidad de hacer cosas con ellos y había una

coyuntura ahí grandísima pero yo dije que quería darme ese año y nos tomamos un año sabático y nos vinimos para la Florida.

Cuando uno llega a los Estados Unidos, uno llega con los ojos de buen latinoamericano, con la idea de que ya todo está hecho y se da cuenta que está todo por hacer. Todos los latinoamericanos tenemos espíritu de emprender. Por algo cuando llegó Cristóbal Colón y le propuso a la Reina que si le financiaba el viaje, le financiaron semejante aventura, porque tenemos espíritu emprendedor. Cuando yo llegué me di cuenta que todo estaba por hacer, había una cantidad de oportunidades y empezamos a ver que mis hijos crecían en un ambiente completamente diferente, que uno no cerraba el auto, no cerraba la casa, me acuerdo la primera vez que se quedó la puerta abierta de la casa, abierta es abierta y entramos en pánico y nos tocó devolvernos pero acá no pasaba nada.

Pensamos que a lo mejor este ambiente era el mejor para que nuestros hijos crecieran y tocaba tomar una decisión muy grande en nuestra vida y era la de arrancar de nuevo. Ya yo tenía 40 años y me tocaría empezar de nuevo en este país. Así que me tuve que preguntar ¿Qué vamos a hacer? Lo único en lo que yo tenía experiencia era en televisión, no sabía nada más. Puede que sea arquitecto pero no tengo experiencia, así que busqué oportunidades acá y golpeé la puerta en canales de televisión y desafortunadamente aunque tenía mucha experiencia, cartas de recomendación, aquí no me valían nada.

Nadie sabía quién era yo, no me conocían, no confiaban, lo que había hecho no importaba así que ninguna puerta se abrió. Hice algo que me pareció muy interesante y que creo que es la mejor decisión que yo he podido tomar en mi vida, nos reunimos con mi esposa, hicimos una lista de pros y contras y tomamos la decisión de quedarnos, y cuando ella me preguntó que qué íbamos a hacer, le dije que no importaba, que podíamos hacer empanadas pero que si las hacíamos bien hechas nos iba a ir bien.

Desde luego yo no sabía hacer empanadas, así que no hice eso, pero sabía de comunicaciones, de qué le gustaba a la gente, entender el valor del contenido y saber qué contenido le gustaba a la gente si conocemos muy bien nuestras audiencias. Yo iba a la escuela de inglés y me sentaba con mis compañeros y todos teníamos los mismos problemas de inmigrantes. Tenía compañeros de 60 países. Esto también me dio una lección importante y es que todos somos iguales, todos tenemos los mismos problemas y los mismos deseos.

Empezamos así pues a ver cuáles eran las inquietudes de las personas y a preguntarles qué les gustaba, dónde compraban las cosas y me contaron cómo tocaba hacerlas y todo lo que les había pasado a ellos mismos cuando llegaban a Estados Unidos. Así que para cuando yo decidí crear la publicación, que era lo único que podía estar a mi alcance por cuestiones económicas, yo dije pues, hagamos una revista pensando en esas personas, que tienen esa serie de inquietudes, que no saben nada del sistema de este país, como yo cuando llegamos acá y que tampoco saben cuál es la mejor tarjeta de llamadas para comprar, dónde encontrar la comida de casa, el doctor que te habla en tu idioma, cómo se adapta uno a este sistema y tantas otras cosas de las cuales uno no tiene ni idea cuando llega a un nuevo país. Con esto empezamos la publicación y la llamamos LA GUÍA, porque era eso, una guía para todos.

En ese momento, he de confesarlo, yo no sabía vender. Había trabajado en cine, en televisión, había hecho programas, así que mi experiencia estaba en otro lado. Mi experiencia no estaba en las publicaciones, yo no sabía ni escribir ni vender y me tocó empezar a salir a vender y a escribir. Con mi esposa organizamos un pequeño portafolio con unas fotocopias y salimos con eso a vender una ilusión. "Aquí te vendemos una revista que va a ser muy buena, que va a tener este beneficio para tu negocio", sin tener absolutamente nada.

Y comenzamos como comienza todo el mundo, con las personas que conocíamos. No teníamos mucho dinero, pero invertimos lo que teníamos y empezamos como comienzan la mayoría de las empresas exitosas, desde el garaje de la casa, o, más precisamente, desde mi habitación de la casa arrendada donde vivimos en esa época. Pero dijimos que íbamos a salir adelante y para eso teníamos que vender. Me acuerdo que cuando fui a donde mi primer cliente llegué y en la puerta me dije: "si no me compra, no importa. Yo le regalo el aviso, pero yo necesito tener publicidad en la revista". El primer cliente me compró un cuarto de página por un año. Con mi esposa no sabíamos qué hacer de la emoción. Así fuimos vendiendo, de a octavo, cuarto o media página por seis meses o un año.

Sistema de Ventas y Mercadeo
Comencé a oír los casetes de Bryan Tracy y todos los gurús empresariales para ver cómo vender, escuchaba los casetes en el carro y empecé a desarrollar también mi propio sistema de ventas y este sistema estaba basado en algo elemental: decir la verdad, hablar con la verdad y con una máxima que es la que me ha acompañado en mis negocios que es: si a ti te va bien, a mi me va mejor. Y ese es el punto, si a nuestros clientes les va bien a nosotros nos va mucho mejor y por eso toca ayudar a los clientes a que les vaya bien. Entonces empezamos a crecer y a crecer.

Mi esposa se estaba acordando el otro día que cuando estábamos empezando yo le decía "bueno mi amor, si no vendes, no vuelves" y ella también vendía muchísimo, ella sí tenía la experiencia de ventas pues había trabajado en el departamento de ventas de la revista más importante de Colombia. El primer mes, logramos pagar los gastos. El siguiente mes superamos un poquito y ya al tercer mes alcanzaba para pagarnos a nosotros. Yo nunca pensé que llegaríamos a donde llegamos. Yo tenía programado cuánto íbamos a ganar mes a mes por un año y teníamos las metas financieras, pero nos fue inmensamente mejor de lo que creíamos.

Hice la investigación de quiénes estaban en el mercado, qué estaban haciendo, que no estaban haciendo. Había dos publicaciones que eran más antiguas que la mía y yo las estudié y vi qué tenían ellos y en qué podía ser mejor yo y me puse metas: en el primer mes tengo que ser la segunda publicación más popular y a los seis meses tengo que ser ya el primero entre las tres publicaciones. Así hice igual con las metas financieras. A los cuatro meses ya habíamos alcanzado la meta que me había puesto para el año. Yo era el diseñador, editor, periodista, todo y sabía cuánto necesitaba de cada cosa para llegar a cumplir las metas.

Todo esto me dio a mí un panorama sobre qué podía y qué no podía hacer. Aquí en Estados Unidos, una de las cosas más malas que uno puede hacer es no tener crédito, aquí eso no lo perdonan, es algo terrible y claramente yo no tenía crédito porque yo no existía acá; recuerdo la primera vez que fui a comprar una cámara, que necesitábamos para el negocio y me preguntaron que si quería crédito para comprarla y yo dije que sí y a los cinco minutos me dicen "disculpe señor, usted no califica". Yo ya estaba en la caja y sentía que todo el mundo pensaba que me estaba robando la cámara, así que devolví la cámara, me fui a la casa, saqué la chequera y fui a comprar otra cámara, no la que pensaba comprar, porque no me alcanzaba el dinero pero compré una cámara y prometí ganar lo suficiente para no depender del crédito.

Esa es de las otras cosas que siempre han sido importantes para mí, reinvertir. Siempre que el negocio iba dando y teníamos una utilidad, después de sacar nuestros gastos, yo siempre reinvertía algo en el negocio; una cámara mejor, un computador, etc., porque es importante que tú puedas avanzar más rápido que los demás. Estamos en un mundo competitivo y mientras más rápido avances tú, más posibilidad tienes de ganarle a la competencia y que ese dinero que hay en la calle sea para ti y no para los demás, así que tienes que ir muy rápido y la mejor forma de ir rápido es si te apalancas en dos elementos básicos: gente (personal) y el equipo que te pueda ayudar a eso. Así que todos los meses con lo que sobraba del dinero yo compraba algo para mejorar y para aumentar el alcance o la calidad.

La revista empezó en papel periódico y a los cuatro meses le cambiamos la portada a papel brillante, al año ya estábamos con toda la revista en papel brillante, un buen porcentaje a color y así sucesivamente. Eso logró que como a los 8-9 meses, ya fuéramos la número uno. De hecho después compramos a la otra publicación que nos hacia competencia. Ahí empecé a ver qué había en el mercado. Teníamos tres revistas en la zona y nosotros habíamos desarrollado el mercado.

Cuando llegué me dijeron que aquí no había espacio para tres publicaciones y mi estrategia fue buscar y generar nuevos clientes. Por eso nunca pienses que la competencia es mala. Todo lo contrario, la competencia es buenísima. Porque si tienes competencia estás despierto y tienes otras personas trabajando para ti que están abriendo puertas, que están convenciendo gente de lo que tú estás haciendo y educando a la gente, así que cuando tú llegas, ya está abierto el camino. Uno de mis grandes competidores se volvió un gran amigo, siempre nos respetamos muchísimo por que cada uno sabía el esfuerzo que estaba haciendo el otro para llegar a donde había llegado y eso ayudó a que creciera el mercado.

Cuando yo entré al mercado también me puse a ver qué era lo que hacía falta. Este es otro punto muy importante, porque bueno, yo estoy supliendo las necesidades pero ¿qué más les falta a mis clientes? Y me di cuenta que hacía falta un periódico, porque había revistas mensuales pero no había un periódico y desarrollamos entonces el proyecto y lanzamos 7DÍAS. Nos ayudó muchísimo porque ya teníamos dos publicaciones diferentes, una revista y un periódico. Logramos facturaciones que jamás en mi vida pensé que podríamos alcanzar.

Después encontré el poder de los ingresos recurrentes. Esto se basa en que cuando tú haces una venta y tienes un contrato, por el término de este contrato sigues recibiendo dinero mensualmente sin mucho esfuerzo adicional. Yo tenía un cuadro en Excel y sabía qué clientes eran recurrentes, cuáles se iban a retirar y a cuales necesitábamos reemplazar. Y fuimos adquiriendo clientes que veían la efectividad de la revista y esto les generó confianza y empezaron a pautar en nuestros medios firmando contratos recurrentes que fueron aumentando la facturación mes a mes.

También ayudó mucho que yo me afilié a la Asociación de Publicaciones Hispanas. Siempre que empieces un negocio tienes que hacer dos cosas: siempre hazte parte del gremio y ve a las convenciones o eventos que realicen en tu industria. Ahí es donde tienes la mayor posibilidad de aprender qué es lo que se está haciendo y de aprender nuevas cosas para tu negocio.

Comencé a traer cosas nuevas a mi publicación que los otros no tenían, empecé a ver cómo se conseguían clientes nacionales, algo que los otros no estaban haciendo y eso me adelantó muchísimo sobre mi competencia y me ayudó a vender mucho más. Empezamos después a poner la revista en otros lados y la apalancamos en muchas cosas.

Es así que, de no saber escribir, porque yo lo único que había escrito eran las cartas para mi esposa, pasé a escribir en la revista y me volví periodista y me he ganado dos premios nacionales de periodismo José Martí aquí en los Estados Unidos, de los cuales sentí mucho orgullo, pero como siempre, eso fue un escalón para algo más.

Inicios como profesor

Después me di cuenta de que yo tenía una vocación que era contarle a la gente lo que estaba haciendo para que otras personas se inspiraran y empezaran a hacer sus propios negocios. Si nosotros logramos éxito, fue por que otras personas crearon otros negocios y empezaron a anunciarse en nuestra revista. Yo ya tenía la experiencia en ventas y tenía toda la experiencia en negocios y había incluso gente que llegaba y me decía que quería iniciar un negocio en tal parte y yo me montaba inmediatamente en el carro y le decía que fuéramos a buscar el sitio y los aconsejaba según mis conocimientos. Esto también me ayudaba porque después de que iniciaran el negocio se anunciaban conmigo en agradecimiento.

Fue así que comencé a investigar la demografía, que nadie más la estaba mirando y yo sabía donde vivían los mexicanos, cuantos había, donde estaban los colombianos, etc., y me volví un experto en donde vivía la comunidad hispana y hasta me llamaban los americanos a conferencias sobre la comunidad hispana porque era yo el que sabía y el que tenía los números.

Eso me llevó a ayudarle a la gente a montar sus negocios y hasta me invitaron a una charla para que contara cómo empezar un negocio y que motivara a una gente. Por supuesto, yo siempre les decía "cuando vayas a montar un negocio, me llamas y yo te doy la publicidad del primer mes gratis", y eso me trajo también nuevos clientes porque la gente quedaba agradecida.

Así fue creciendo y creciendo el tema hasta que un día un muy buen amigo mío me dijo que yo tenía que compartir esa experiencia con otras personas, para que otras personas hicieran lo mismo y la mejor manera de hacerlo era que escribiera un libro. Yo me puse a pensar en todas las personas a las que yo seguía como Bryan Tracy y vi que todas tenían libros y caí en cuenta de que tenía razón, lo mejor que yo podía hacer era escribir un libro para inspirar a las personas y hacer conferencias. Así que tomé el teléfono (que ese es otro punto que le da miedo a la gente, porque a lo mejor te conocen o a lo mejor no te conocen, pero si quieres que te conozcan debes tomar el teléfono y llamar) y llamé a un autor colombiano muy conocido que se llama Camilo Cruz, me pasó al teléfono, le conté que estaba escribiendo un libro, le conté que quería dar conferencias y me dijo que la mejor carta de presentación que tú puedes hacer es escribir un libro, cuando llegues a la página 100 me llamas y te digo qué sigue.

No llegué a la página 100, no lo pude llamar, porque me senté, empecé a escribirlo, llegué al capítulo 4 y decía "aquí, me falta algo" y ese algo era que yo no sabía quién iba a leer el libro. Si yo no sé quién va a leer el libro no sé qué va a pasar después, no tengo la conexión con el lector.

Cuando yo estoy con esta gente a la que le he dado conferencias, yo sé qué pasa si montan un negocio, puedo saber de ellos. Pero Dios es providencial y me mandó un ángel que se llama Álvaro

Mendoza. Conocí a Álvaro, fuimos a almorzar, el almuerzo duró más de 7 horas y él me dijo: "¿Sabes qué? Lo que tienes que hacer no es necesariamente escribir un libro sino llevar ese mensaje por Internet. ¿Por qué no haces un curso?".

Y eso de que una persona que acabas de conocer te diga eso y que te cambie completamente a algo que no sabías como la Internet, eso era complicado. Yo ya había seguido a algunas personas por Internet, me levantaba todos los sábados a escuchar podcasts y a mí me gustaba la tecnología así que estaba más o menos enterado. Algunos personajes eran familiares para mi, otros no (incluyendo a Álvaro), entonces me pareció muy interesante, nos hicimos amigos, empezamos a organizar conferencias, ahí nació "Los Maestros De Internet", la conferencia más importante de habla hispana y empecé a seguir a otras personas y a prepararme.

Tomé otra de las decisiones más importantes de mi vida y dije: "Si yo quiero dar conferencias y cursos, yo tengo que ir a conferencias. Si yo quiero estar en este mundo, tengo que invertir". Así que fui a mi primera conferencia que costaba dos mil dólares. Toda la vida había querido ir a una conferencia y nunca había tomado la decisión de hacerlo, porque era mucho dinero. Pero fui y esa fue la mejor decisión que podría haber tomado porque eso me abrió la mente de una manera impresionante.

Me volví un adicto a tomar conferencias, a comprar cursos, ya compraba libros pero ahora era mucho más seguido. Empecé a tomar cursos, a prepararme y Álvaro me preguntaba que cuando era que yo iba a lanzar mi proyecto. Y como yo soy muy visual le mandaba planos, gráficos con las ideas de mi curso y él me decía: "¿Y?". Y pues nada, como decía antes, a uno le da miedo entrar a algo que no conoce y empezar a llevar el mensaje era difícil. Pero como empezamos a ir a conferencias con Álvaro, entendí bien el concepto, lo cual fue muy importante y cada vez me enamoraba más, aunque me daba el susto lógico de lanzarme. Comenzamos con "Los Maestros De Internet", que organizamos con Álvaro e invitamos a los líderes de la industria.

Álvaro me dijo que a mí me tocaba dar la primera conferencia y di mi primera conferencia en el primer evento de "Los Maestros De Internet" frente a todos estos personajes que ya habían dado conferencias sobre el tema. Lo primero que ocurrió fue que el técnico que habíamos contratado me dice que las cámaras no funcionaban y yo tenía que dar mi conferencia en 15 minutos así que le dije que no grabara mi conferencia y que hablábamos después, porque yo qué podía hacer, nada en ese momento, así que le dije a Álvaro y él grabó con una cámara que él tenía. Traté de no desconcentrarme y lo logré.

Di la conferencia, la gente se levantó a aplaudir, les encantó mi charla y, por supuesto, como buen marketero, hice mi primera oferta: "Y les ofrezco, mi curso, las Claves Secretas, que va a salir en unos meses", y nadie fue a comprarlo, no vendí ni un solo curso.

Todo el mundo feliz, encantado conmigo, pero hice cero ventas. Pero eso era lo importante, que a la gente le había gustado y mucha gente se empezó a interesar en el tema, Álvaro se sintió bien porque no lo hice quedar mal y ahí empecé a relacionarme con grandes personajes de la industria y finalmente, en marzo 22 de 2011, saqué el primer producto que cambió mi vida, porque me volví un profesor por Internet, una profesión que no conocía realmente, que no había descubierto y siempre he dicho que todo lo que he hecho en mi vida fue una preparación para poder lograr esto. Y hoy no sé si esto sea una preparación para algo más.

Pienso que fue la mejor decisión que pude tomar. Le agradezco a Álvaro que haya tenido la paciencia de empujarme y ayudarme, porque a la gente le encantó y empecé a tener más y más alumnos, más cursos y el resto es historia. Con esto aprendí que me gustaba ayudarle a la gente, hablar ante las cámaras, dar conferencias, que me gustaba cambiarle la vida a la gente.

Cuando yo hice mi primer curso y la gente empezó a seguirme y a agradecerme por sus éxitos, mi esposa me decía que me había vuelto milagrero por que había gente que me decía "vi su video y estaba en la cama pero me levanté y ahora tengo una razón para vivir", y yo quedaba sorprendido, no pensé que uno pudiera tocar a una persona de esa forma. Sobre todo cuando le empieza a contar eso a uno gente que vive en Australia, en Japón, en Tailandia, en cualquier país de Europa o de Latinoamérica...

Y yo no sabía que uno podía tocar tantas vidas en sitios tan diferentes del mundo, pensaba que era sólo en América Latina. Pero no, tengo alumnos de todas partes, en los 5 continentes en 42 países. Eso le cambia a uno la mentalidad porque lo vuelve mucho más abierto, uno empieza a ver que entre más ayudemos, mejor. Y se vuelve más generoso. Y eso es lo que tiene la Internet, la mentalidad digital, la mentalidad de abundancia, tú te vuelves más amplio, con la idea de dar y entregar más y eso es recíproco, porque la ley natural de la vida dice que entre tú más des, más recibes.

Como Empezar un Negocio

Básicamente eso me abrió unas posibilidades y lo que quiero dejar es decirle a la gente que sí es posible, que si hacen lo que yo hice cuando empecé, si crean sistemas, si se organizan, como lo he hecho yo, a medida que se va avanzando se van dando cuenta de la necesidad de escuchar a sus clientes, que ellos mismos les irán diciendo qué es lo que necesitan. Cuando hago un Webinar, hago un tema en particular y las personas me dejan comentarios y eso me sirve a mí para ver si hay otros temas que pueda desarrollar. Con Álvaro hicimos un gran equipo basados en las fortalezas y debilidades de cada uno y así hemos podido desarrollar ya varios productos, no solo el de "Los Maestros De Internet" sino también "Celebridad Instantánea", "Internet Para Emprendedores" y muchos otros que vienen.

Hay un reto que es muy importante: planifica tu año 2015. Toma un calendario o una agenda y empieza a escribir todas las actividades que tienes que hacer este año, o cosas que quieras empezar, cuándo, dónde. Y ponerlo todo en papel. Ponerte metas y e intenta seguirlas y verás como todo se vuelve mucho más fácil. Yo hago mi calendario y pongo todo lo que voy a hacer, incluso viajes y fiestas y sé exactamente qué tengo que hacer, cuándo y lo tengo ahí para seguirlo constantemente y saber cuándo tengo espacio para alguna otra cosa que aparezca o saber, si te invitan a algo, si puedes ir o no al evento. Puedes comprar las cosas con anticipación y planear todo mucho mejor.

La diferencia entre la gente que tiene mucho dinero de la que tiene poco, yo creo que es que la que tiene mucho sabe planificar y sabe seguir esos planes.

Si les interesa saber más sobre mi, sobre mis eventos, mis cursos, etc., pueden seguir mi blog www.comoempezarunnegocio. com , que es donde publico todas las noticias y doy consejos.

Les dejo con algunos secretos que creo son muy importantes:
- Tener una pasión
- Trabajar por lograrla
- Tener el coraje de emprender
- Tener la disciplina para aprender, que es fundamental
- Tener la planeación, la capacidad de crear una estrategia
- Tomar acción y perseverar.

La vida es como un buffet, lleno de platos ricos, donde lo único que uno tiene que hacer es meterse en la fila y no salirse de ella. El éxito esta ahí.

Y como me gusta decirles siempre a mis estudiantes:

Recuerda que el éxito es mejor buscarlo que sentarse a esperarlo.

¿Cómo emprender y no "morir" en el intento?

Por **Paola Andrea Vargas del Rio**
Paolaandreavargas.com
Paolavargascoach.com
Herramientasdeliderazgo.com

Una de las grandes verdades que se ha puesto en manifiesto durante los últimos años, es que, cada ser humano, está constituido como una magnífica pieza que hace parte de un todo universal. Que se encuentra dotado de las mejores y mayores habilidades, dones y destrezas posibles para el logro de sus objetivos personales, profesionales, corporativos, espirituales, sociales, etc. Sin embargo, no todos logramos avanzar al ritmo o en la forma en que quisiéramos, incluso en ocasiones en lugar de avanzar parecería que retrocedemos.

Te has puesto a pensar ¿qué pasaría si pudieras acceder a esas habilidades, dones y destrezas consciente y permanentemente?

¿Cuáles serían tus resultados si además de acceder a ellos los desarrollaras?

¿Qué pasaría con tu vida, si te dedicaras a hacer, con el mismo compromiso con el que asumes tus responsabilidades con terceros, lo que te apasiona?

Es posible que, si has pensado en emprender, esas no hayan sido las inquietudes que te abordan y no te dejan dormir, ¿cierto? Es más, parecería que son preguntas de un libro o capítulo diferente al tema que ves en el título. Sin embargo, siento que tienen todo que ver. Nos hemos sumergido en un mundo de consumo y de exteriores, en el cual centramos nuestra atención en los vehículos, más que en las razones y objetivos; un mundo en el que el nivel de competencia nos obliga a movernos en el mismo sentido, sin tiempo para soñar o planear, o para cultivarnos como seres humanos poderosos desde dentro.

En ocasiones me siento como en contravía, montada en avenidas que no llevan a donde yo quiero llegar, es posible que tú hayas tenido esa sensación en algún momento de tu vida, tal vez ahora mismo te sientas así. Y, si eso ha pasado, es posible que hayas querido, o, cuando menos, se te pasó por la mente la posibilidad de emprender como una de las respuestas a cómo no seguir en contravía, con la promesa eterna de libertad, tiempo, de ser tu propio jefe y de no alquilar tus conocimientos para otros (promesas que sólo serán alcanzadas cuando te hayas comprometido y le hayas dado duro al trabajo para consolidar un negocio, cuando se es emprendedor, el nivel de exigencia y compromiso es mayor, y créeme para lograrlo además de ganas, necesitarás coraje para permanecer en el proceso mientras llegan los resultados).

También es posible que hayas sido formado con la mentalidad del empresario y, en ese caso, estás un paso adelante que muchos de nosotros, que hemos sido formados con la historia de "estudia, logra un título profesional, así encontrarás un buen trabajo"; lo que no es ni bueno ni malo, solo que nos ha encasillado, subconscientemente, a alquilar nuestro conocimiento en beneficio directo para otros, sí, nos pagan, pero ¿qué tan felices estamos siendo?, ¿qué tanto contribuye con nuestros objetivos personales dedicarnos al logro de los objetivos de otros?

Si has pensado en emprender y ahora trabajas para otros, ¿lo que haces contribuirá al logro de un objetivo superior en tu vida? También es cierto que no todos hemos pensado en algún momento el emprender un negocio pero, sin embargo, si tú estás leyendo este libro, algo ya debió pasar por tu mente y ese es un primer paso: El Deseo.

Los tiempos han cambiado, ahora los emprendedores tenemos acceso a información privilegiada, a herramientas que permiten el avance de manera más ordenada y sencilla, a historias de grandes y exitosos emprendedores, que a través de diversos medios contribuyen para que nuestro camino sea más sencillo, que inspiran para tomar acción. Esto no implica que las dudas, inquietudes y/o preguntas no aparezcan, sin embargo, pueden contribuir con que las aclaremos, antes de pasar por situaciones que ellos ya superaron. Tampoco implica que no pasaremos por situaciones que pondrán a prueba la decisión de ser exitoso y tener resultados con un emprendimiento.

La verdad es que en los tiempos previos a la decisión de emprender cualquier cosa que decidamos emprender (una relación, un negocio, una actividad laboral) nuestra mente se llena de incertidumbres, inquietudes, dudas que nos rondan de manera permanente hasta que las vayamos disolviendo o resolviendo: todo depende de la atención que les prestamos y las acciones que tomamos respecto a las mismas, algunas a pesar del tiempo permanecen, en ocasiones permitimos incluso que la duda mate o más complejo aún, que sepulte la ilusión y al final no arrancamos.

Por ejemplo, algunas de las preguntas constantes que nos hacemos los emprendedores (que aplican de manera general para todo en la vida) podrían ser:

¿Es posible emprender y triunfar en el intento?

¿Cuáles son los pasos iniciales para emprender y sobrevivir en el intento?

¿Cómo asumir la decisión de emprender responsablemente?

¿Cómo mantenerse en el camino, a pesar de las dificultades?

¿Cómo capitalizar las dificultades a favor del proceso de emprendimiento?

Lo acepto, algunas están muy elaboradas, que tal estas:

¿Por dónde empezar?

¿Por qué unos lo logran y otros no?

¿Será que tengo éxito con este emprendimiento?

¿Y qué pasa si no lo logro?

¿Cómo lograrlo con la economía actual, la crisis, el mercado, el producto, la competencia?

¿Qué pensarán de mí los demás si no logro ser exitoso?

A manera personal, solo leerlas ya me genera congestión y me han generado congestión ya en varios momentos de mi vida.

Ahora bien, el asunto no es lo que nos preguntamos, sino qué hacemos con lo que nos preguntamos. Puede ser que lo resolvamos, que lo dejemos allí hasta que nuestra atención pase a un tema diferente, o que sean parte del inventario de las cosas pendientes por atender en la medida que tenemos el tiempo. Así que, ¿qué hacer para resolver de la manera más eficientemente posible las inquietudes que en muchas ocasiones nos paralizan? ¿Cuáles deberían ser los pasos a dar para que el camino sea lo más sencillo posible? Aclaro que, sencillo no es necesariamente fácil, sencillo es trabajar, pero hacerlo con estrategia e información, con guía y estando atentos a lo que se va requiriendo en el camino. ¿Cómo no dejar morir ese deseo de emprender antes de iniciar el camino?

A continuación te compartiré los Cinco pasos para no "morir" en el intento, los cuales he aplicado en mi vida, y que también he observado aplican otros, para avanzar, a pesar de las dudas, las preguntas. Espero que te sean de utilidad para superar la congestión, las emociones que te generan las preguntas al respecto y, especialmente, para que te centres en una de las cosas más importante para lograr resultados: TOMAR ACCIÓN.

Pero no sólo acción por estar ocupado, por sentirte haciendo algo, ACCIÓN con estrategia, con la claridad que esos pasos que estás dando te están acercando al logro de más y mejores resultados.

Los pasos son:
• Tomar la decisión
• Clarificar
• Tangibilizar
• Aplicar el ciclo PHVA
• Mantenerse en la fila.

¿Qué es lo que representan cada una y cuáles son las acciones que los componen? A continuación te comparto qué son y qué representan cada uno.

Tomar la decisión:

Es asumir las riendas de la situación a corto, mediano y largo plazo. Implica que aceptes y reconozcas la responsabilidad por las decisiones que tomas, con la conciencia de que, aún no tomar una decisión, también es decidir. Cualquiera que sea el objetivo, sólo se logra cuando existe una decisión de alcanzarlo y esa decisión te lleva a tomar acción, nada pasa por accidente, obedece todo a la ley de la causa y el efecto. Así, que depende de ti, de que tomes la decisión y con ello asumas la responsabilidad que la misma implica.

Si estás dispuesto a pagar el precio para no "morir" en el proceso de convertirte en emprendedor con resultados, los resultados que tu decidas alcanzar, entonces el primer paso es tomar la decisión de ser exitoso y hacer de este, el momento perfecto. El momento lo creas tú, puede ser este o puede ser después, eso también lo decides tú. Es importante aclarar que no se trata de abandonar todo lo que hoy tengas, sino más bien de tener claridad de lo que deseas para tu vida en un futuro próximo y lo que será necesario hacer para lograrlo.

Hace algunos años, yo estaba dedicada a una labor que me generaba ingresos importantes, de las del tipo de "ve a la universidad y consigue un buen trabajo", misma que ejecutaba con toda la responsabilidad y compromiso que me caracteriza, sin embargo, dejé a un lado el cuidado de mi misma, de mi familia, amigos y sueños. Olvidé buscar dentro de mí mi propio propósito en la vida, no había tiempo para hacer lo que realmente me gusta (o por lo menos eso me decía), de trabajar con las personas en su desarrollo y crecimiento personal, de potencializar sus habilidades, dones y destrezas.

Un día debí tomar decisiones, por mí y para mí, con la bendición que en ese momento tenía más oportunidades, precisamente de emprendimiento. Hay uno en especial que me permitió reencontrarme conmigo de una manera muy acertada. Corrí un riesgo, un riesgo que además de haberme demandado esfuerzo y trabajo, fue juzgado, comentado, y poco apoyado por quienes consideraban que tenía la vida perfecta: tenía un trabajo bien remunerado, reconocimiento, oportunidades de viajes; sin embargo, estaba tan agotada, sin tiempo para los míos, sin oportunidades de crecer personalmente, que al final del día, no era feliz.

También por dedicarme a ese emprendimiento recibí comentarios, manifestaciones diversas, muchas de ellas negativas. Me tomó tiempo pero al final entendí que no tenían nada que ver conmigo, sino con las creencias de otros, más allá de las mías propias, entendí que si quería crecer debía también rodearme de un entorno que contribuyera con mis objetivos y allí también tuve que tomar decisiones.

Con el pasar del tiempo me pregunto ¿Qué habría pasado conmigo de no haber tomado esa decisión? ¿Quién habría cuidado de mi salud cuando ya no tuviera alguna? ¿En qué momento habría disfrutado lo único que siempre, a pesar de todo, permanece: la familia?, posiblemente todo se habría dado, habría conocido a otros maestros de vida. Sin embargo, de haberme mantenido en la zona cómoda, posiblemente no me gustarían los resultados respecto a mi vida misma, pero solo son especulaciones, porque tomé una decisión que cambió de manera importante mi vida.

Clarificar:
Este es uno de los puntos más sensibles en el proceso, debido a la importancia que tiene el saber desde el principio, cual quieres que sea el final o destino. Suena raro, pero una de las palancas más poderosas para mantenerte en el camino y pagar el precio

es definir el destino antes de iniciar el viaje. Para realizar esta actividad podrías trabajar con muchas herramientas, entre otras, tienes la opción de preguntas y respuestas que, para mí, es de las más poderosas. A continuación te comparto algunas de las preguntas que deberían estar claras antes de continuar. Como observarás, están en primera persona, espero te las puedas contestar con la mayor claridad posible:

¿Qué es lo que quiero lograr?: ¿Hacia dónde es que me quiero dirigir? Tener claridad acerca de estas preguntas es contar con el FARO, un punto de referencia, que guiará tu camino, es lo que sobresaldrá sobre los obstáculos, se verá aún en la distancia, será el objetivo. Es muy importante procurar clarificar ese querer, ese faro en todas las áreas que conforman tu vida. Para construir la carta de navegación del emprendimiento, te deberías responder para dónde es que vas, cuáles son tus objetivos, cuando menos los siguientes:
- Personales
- Económicos
- Profesionales
- Empresariales.

¿Para qué lo quiero lograr?: Esta pregunta, de manera general, ayuda a identificar los objetivos más allá de los componentes mismos o de los elementos alcanzados. Ayuda a encontrar qué contribuye a la priorización y apalanca los por qué de lo que quieres hacer. Tiene relación con lo profundo de tu ser. Esta es una de las preguntas que más tiempo me tomó clarificar, es decir, encontrar la respuesta con la que me conectara aun con el paso del tiempo, es el resultado del trabajo interno. Es eso a lo que contribuyo que es más grande que yo misma.

¿Por qué lo quiero lograr?: Cuando tenemos claridad de las razones por la cuales queremos algo, podemos utilizarlas para mantenernos en el proceso cuando las cosas no marchen tal como lo esperábamos. Los por qué pueden ser de las anclas más poderosas y será importante que sean muy claras, de manera que te mantengan firme en el proceso. Debido a que también se pueden convertir en las excusas más tremendas para no hacer. Generalmente hacen referencia a lo externo. No desde las justificaciones, sino desde las razones: Por qué quieres un futuro diferente para tu familia, por qué quieres una calidad de vida diferente, mejor….

¿Qué pasaría si no lo logro? y ¿Qué pasaría si lo logro?: Colocarnos en los escenarios extremos de dolor (si no lo logro) y de placer y satisfacción (si lo logro) nos permite mantenernos en la balanza de manera que cuando no estemos dando pasos hacia lo que queremos, tengamos referentes de la emoción que nos generará el resultado y por supuesto sucederá lo mismo cuando estamos dando pasos en la dirección de lograrlo. Anclar emociones a esos dos posibles resultados, fortalece, recarga y reconforta en el camino.

Si observas con detenimiento, esta etapa de clarificar relaciona tanto lo que quieres desde fuera así como desde adentro, tus razones internas y aquí toma importancia dedicar tiempo a tu desarrollo personal, incluirlo en los insumos como uno de los aspectos que, aun habiéndolo trabajado, requerirá mantenimiento constate, para mantenerte conectado con tu fin esencial.

Tangibilizar:
Ahora bien, luego de tener claro específicamente lo que deseas, es de vital importancia concentrarse en agregar eso que deseas al mayor nivel de detalle posible, a manera de metas, metas que te llevarán por el camino a lograr el objetivo principal, como las estaciones. Para que puedas realizar un trabajo eficiente de

planeación, las metas deberán ser medibles, cuantificables y alcanzables. Con alcanzables no quiero decir poco retadoras, pero si ajustadas a lo que en la realidad esperas ir construyendo. Podrás alcanzar, no la de ahora, de forma tal que luego puedas identificar con qué recursos ya cuentas tú y qué recursos te hacen falta. Los recursos pueden ser:
- Económicos
- Físicos
- Humanos
- Tecnológicos.

Luego de eso será importante verificar si cuentas con esos recursos, si puedes acceder a ellos o si necesitas apalancarte en terceros para tenerlos. Si hicieras una matriz, sería algo como esto:

Objetivo general:
META
Cómo la mido
Cuánto me cuesta
El entregable será
Los recursos que requiero para alcanzarla son
Cuento con ellos
Cómo los puedo conseguir

Aplicar el ciclo PHVA:
Al llegar a este punto, has estado ya avanzando en el primer paso del ciclo PHVA, que es planear, la mayoría de las actividades que has realizado serán parte de los insumos que necesitas para ejecutar el ciclo. Para darte un poco más de claridad y, de manera general, te contaré desde mi punto de vista para qué se ejecuta cada punto, cuál es su objetivo:

Planear:
Se ejecuta para contar con una carta de navegación, para saber qué hacer, cuándo y cómo hacerlo. Esta misma contribuirá con la velocidad que le puedas imprimir al avance en el logro de tus objetivos. Y no es que sin planeación no puedas tomar acción, es que haciéndolo así podrás reducir los tiempos y medir los resultados con mayor facilidad. Para realizar este proceso, que posiblemente es de los que más tiempo te tome, puedes:
Crear matrices
Utilizar mapas
Utilizar sistemas.

Lo importante es que puedas terminar con un documento que te permita ir marcando el paso, revisando la dirección, que al verlo sientas que tienes claro el camino, como un mapa enfocado especialmente en acciones. Además de lo anterior este mapa te ayudará con la automotivación, muy importante en todo este proceso.

Cómo te había contado antes, llegó un momento de mi vida en que decidí asumir la responsabilidad de mis decisiones y tomé decisiones orientadas hacia lo que realmente me llenaba, y me dediqué muy juiciosa a construir con una mirada y enfoque diferente lo que deseaba para mi vida, lo que tenía pensando en mi proyecto de vida. Identifiqué mi propósito de vida, construí mi visión y creé un plan, una de las metas de mi plan, fue construir una herramienta de trabajo que permitiría, a quienes accedieran a ella, avanzar de una forma sistemática en la construcción de su propio proyecto de vida, monitorear la ejecución del plan, desarrollar habilidades y crear hábitos de éxito saludables.

Hacer:
Sin la ejecución no tendrás nada, no importa que gran plan

hayas realizado, que digas estar decidido a alcanzar tus objetivos, SI NO TOMAS ACCIÓN nada va a pasar. Tomar acción aún considerando los errores, aún sin haber realizado un gran proceso de planificación, te garantizará, que te estarás moviendo, que, al hacerlo con base en la planificación, contarás con un camino más claro, no quiere decir que tener el plan perfecto te generará resultados sin ejecución de las actividades definidas en el mismo.

En mi historia de vida he sido una mujer arriesgada, he tomado acción, me he dedicado consistentemente al logro de mis objetivos, producto de la misma y con base en mi plan antes mencionado, dos años más tarde, realicé el lanzamiento de mi libro, como herramienta para autoliderazgo y proyecto de vida. Hoy tan vigente como en ese momento.

Verificar:
Verificar implica que de manera constante estés revisando las acciones que estás ejecutando, sus resultados y las oportunidades de mejora que puedes tener en las mismas para mejorar los resultados. Básicamente para lograrlo, trabajas en los siguientes procesos:
Seguimiento
Medición
Control.

Uno de los grandes beneficios de la verificación y los resultados de la misma, es que te puede ayudar a darte cuenta si todo lo que estás haciendo, con base en lo planeado, te está llevando al lugar que deseas llegar o si es necesario realizar ajustes, cambios o mejoras a los mismos. También te mostrará si estás tomando acción en todo lo que habías definido.

Actuar para ajustar

Con los resultados obtenidos del proceso de verificación podrás generar acciones que te permitan ajustar, re-direccionar, cambiar o incluso eliminar actividades en aras de acercarte cada vez más al resultado que te has planteado. Digamos que es como en el laboratorio, prueba – ensayo, determinar si la fórmula es la adecuada, si la forma de mezclar, si la temperatura, en fin todos los elementos que, de manera directa o indirecta, intervienen con el logro del objetivo. Ajustar es el componente que te permite redefinir en el camino, para mantenerte tan firme en el compromiso de alcanzar tus objetivos, y tan flexible para reconocer que, en ocasiones, es necesario rediseñar el mismo.

Mantenerse en la fila:

Créeme que, con el paso del tiempo, con las experiencias vividas y los casos de éxito que he tenido la oportunidad de conocer de cerca, he identificado cómo uno de los grandes trucos es mantenerse en la fila; no importa que no estés avanzando como tú lo esperas, hay mayor probabilidad de llegar a tus objetivos si te mantienes dando pasos hacia ellos, en la misma dirección, y esto no quiere decir que el camino no pueda tener variables, por el contrario es que a pesar de las variaciones no lo abandones por caminos que te lleven a lugares diferentes a los que has decidido que quieres llegar.

Para que tengas un poco más de claridad respecto de este proceso y como te he estado compartiendo, yo tomé decisiones, clarifiqué lo que quería, lo tangibilicé, y pagué, el precio, tomé acción y alcancé metas, sin embargo, no obtuve los resultados que soñé, y abandoné el proyecto de una forma tan sutil que un día me di cuenta que nuevamente estaba caminando por otro camino, un camino que al final también me interesaba, pues se trataba de emprendimientos que me ayudaran a generar ingresos pasivos, que al final me permitían avanzar hacia un aparte del destino, pero no contribuyendo como quería hacerlo.

Aún así me embarqué en proyectos sin tener ni idea de los mismos, no tomé las decisiones más acertadas y al final para atender la situación financiera que yo misma propicié por no planear debidamente y mantenerme en mi propósito, me llevaron al mundo corporativo de nuevo. Allí, sin estarme dedicando a lo que quería, produciendo para pagar mis malas decisiones, por haberlas tomado obviando que no sabía del tema y que me podía apalancar en quienes sí sabían.

Me apalanqué en mi reputación y en dos años había cancelado las obligaciones que generé durante ese año en ese proyecto, recuperé mi capital en casi ese mismo tiempo y una vez más me reencaminé para hacer lo que me apasionaba, había aprendido de la primera vez que es posible tener un plan b, que apalanque el plan a, así que, después de muchos ires y venires, un año después acepté volver al mundo corporativo en un proyecto que me pareció bellísimo, en el cual yo aportaría desde mi otra pasión: la construcción de procesos, con la promesa de tiempo para continuar mi camino apasionante con las personas.

He trabajado duro, mucho, sin embargo y por las circunstancias, de nuevo volví a dedicar más tiempo del que había establecido dedicaría para poder tener espacios de trabajo para mi plan a. No pasó mucho tiempo en que nuevamente tomara acción y me reencaminara, aún estoy en el mundo corporativo, pero aprendí a priorizar en mi vida, de la misma manera que priorizo en mis labores para terceros, hoy parte de mi tiempo, SI o SI, lo dedico a las labores propias de mis pasiones. Este es el resultado de mis acciones, que están fundamentadas en un plan y para trabajar en ese plan, tomé decisiones y estoy asumiendo la responsabilidad que las mismas representan.

Aprendí que mantenerme en el camino, aun con las demoras y con las paradas técnicas que son, en ocasiones, necesarias siempre y cuando ese camino me conduzca al lugar de mis pasiones y mis objetivos de vida. Si es así, merecen mi compromiso. Hoy, más que antes, soy consciente que el tiempo puede ser tanto un amigo o un enemigo, todo depende de mí, de mis decisiones y acciones en coherencia con esas decisiones y también que cada cosa que pasa conmigo tiene algo de valor para mi, identificar este elemento para poder continuar es la clave. Por todo eso que he vivido, créeme, te puedo asegurar que una de las claves es mantenerte en el camino.

De mis experiencias y de las experiencias de otros he entendido, he aprendido que cada suceso en el viaje de nuestra vida tiene un mensaje, que cada cosa pasa por alguna razón y con un objetivo. He aprendido a capitalizar los fracasos y a apalancarme en ellos para hacer de cada recomenzar una mejor experiencia y generar resultados diferentes, cada vez más y más cercanos a mi objetivo de vida. Todo lo que te he contado tiene algo de técnico, así como también trabajar en si mismo tiene su técnica y con esto entendí que, en algún momento en el que sólo estoy conectada conmigo, cuando tengo la conciencia de lo que está pasando en mi interior con mis pensamientos, sentimientos y emociones he avanzado con mayor velocidad, he aprendido a agradecer todo en mi vida, he desarrollado hábitos saludables de éxito, y con la claridad que aún faltan más; ahora me mantengo en el camino.

En mi viaje, he tenido maestros maravillosos a los que profeso mi eterna gratitud, porque me han enseñado que siempre puedo dar más y que ser bueno no es suficiente, hay que ser el mejor, pero ser el mejor tiene un precio adicional y es que cuando eres el mejor, se te exigirá más, y entonces si es así, ¿por qué no ser el mejor en aquello con lo que contribuyó a una causa más grande que yo misma? Cuando tomé esa decisión, acepte y asumí, que debía dar lo mejor, y pagar el precio, ahora me lo disfruto, como parte del viaje a la cima de mi misma vida.

Estos maestros me han formado en carácter, persistencia, profesionalismo y como ser humano, créeme, no es que hayan sido todos los más amorosos, sin embargo, gracias a eso, he tenido el coraje y el arrojo para levantarme y volver a emprender el camino, conociendo mis capacidades, mis virtudes y dones y con la claridad de cuál es el lugar al que quiero llegar.

Lo que ocurre afuera es el resultado de lo que ocurre adentro, una de las principales dificultades que podemos enfrentar en todos los sentidos en nuestras vidas es no trabajar en lo que somos desde dentro y, con ello, la generación de expectativas, pues cuando hacemos eso y nos encontramos con que la realidad del momento no era como esperábamos, reaccionamos negativamente de manera consciente o inconsciente y eso, es lo que al final afecta los resultados que obtenemos. Por tanto, trabajar en el dominio de tu mente será una de las principales labores que deberás realizar, si es que deseas alcanzar el éxito en menos tiempo.

No creas que ha sido sencillo el camino, no lo ha sido, como todos me he equivocado y mucho, en muchas oportunidades, pero reconocer eso para aprender y poder continuar avanzando es la clave. Es, entre otras cosas, lo que me permite hoy ayudar a otros, acompañarlos es su camino personal y contribuir para que, con su guerrero interior despierto y entrenado o en entrenamiento, tomen acción hacia lo que desean.

Tengo la fortuna de hacer lo que me apasiona, trabajar con las personas para que puedan definir a través de diversas herramientas los pasos para la construcción de su futuro próximo y generar los resultados que desean, aún hago consultoría en asuntos corporativos, pero cada vez dedico más tiempo a lo que me apasiona, a lo que está directamente vinculado con mi propósito en la vida.

Si tú estás preparado para asumir la responsabilidad por lo que pasa con tu vida, si sientes un deseo inmenso de construir un futuro que te satisfaga en todos los sentidos, de brindar a los tuyos oportunidades de vida mejores y diferentes, entonces es hora de hacer un alto, tomar la decisión de alcanzar eso que deseas, de dedicar el tiempo para diseñarlo con la mayor claridad posible, para planificarlo de manera que puedas tomar acción dirigida, para establecer mecanismos de medición y control que permitan hacer los ajustes necesarios en la medida que avanzas, no importa cuál sea el método que decidas utilizar, con quién decidas apalancarte, lo importante es que no lo hagas solo, que te nutras y fortalezcan en la experiencia que otros hemos tenido y, sobre todo, que tomes acción consistentemente, mantenerte en el camino, sin importar los momentos no gratos, las piedras del mismo, mente abierta, y enfoque.

Para concluir, quisiera compartirte algunos tips adicionales para permanecer hasta lograrlo:

Trabaja en ti, en el ser esencial que habita en ti.- Este es uno de los temas que más contribuye con alcanzar los logros y especialmente con mantener los resultados y escalar cada vez más, un escalón a la vez.

Crea hábitos saludables de éxito.- Para mí uno de los más valiosos es la gratitud, y, créeme, parece fácil y no lo es, pero sí es sencillo, porque no es agradecer sólo por lo bueno, es aprender a agradecer sinceramente por lo no tan bueno y por lo que nos causa dolor. Cada cosa trae consigo una oportunidad, incluso lo que no nos gusta o causa dolor. Uno de mis objetivos es contribuir con herramientas que permitan a más y más personas generar esos hábitos. Visita: herramientasdeliderazgo.com , es posible que allí encuentres una herramienta que se ajuste a lo que estás necesitando en este momento para avanzar.

Documentar.- Lo que no está escrito se pierde más fácil de vista que lo que está en el papel. Podrías intentar, por ejemplo, después de escribir tu visión y desglosarla en metas detalladas (labor para la planeación), convertir algunas en afirmaciones para empoderarte. También podrías convertir tus razones en mantras de poder, por ejemplo: "Yo genero resultados tangibles en mis negocios". Hacerlo en documentos separados, ojalá coloridos y ubicarlos estratégicamente en los lugares que diariamente si o si tendrás que ver, aportará a mantenerte conectado con lo que para ti representan. Procura centrar tu atención en aquello que contribuye al logro de tus objetivos, las afirmaciones te ayudarán.

Formarse permanentemente.- Es necesario capacitarse, pero hacerlo sin tomar acción no te permitirá un crecimiento real.

Establecer anclas motivadoras.- Apalancarse en los por qué y para qué, (automotivación) convertirlos en afirmaciones, generar movimientos… en todo caso lograr que tu emoción permanezca en el gozo, la alegría y pasión para dar cada paso, independiente de lo que pase afuera, adentro tu tienes el control y es allí donde edificas.

Prepararse para el resultado.- Si bien estarás dando pasos en dirección al logro de tus objetivos, tendrás resultados parciales, con el logro de cada meta desarrollada, en ocasiones podría suceder que el resultado no sea el esperado, estar consciente de manera permanente que eso podría suceder es muy importante para enfocarte en lo importante, y ejecutar los ajustes después de revisar qué pasó, sin perder de vista el destino final.

Tomar acción permanentemente.- Un paso a la vez de manera constante.

Controlar la emoción.- No tomar decisiones en caliente y dosificarla: como dice el cuento: "ni tanto que queme al santo ni tampoco que no le alumbre".

Conformar equipos que contribuyan positivamente al logro de tus objetivos.- La clave es que ellos sientan que ser parte de esos equipos contribuye con el logro de sus propios objetivos. Pueden ser equipos permanentes, temporales o estratégicos.

Realizar alianzas.- Dos hilos son más fuertes que uno solo. Es posible que requieras de algo que otros ya tienen y que tú puedas contribuirles con algo que a ellos les hace falta, este es uno de los tips, que a mí más me han posibilitado avanzar. Cuando cuento con personas u organizaciones que pueden apoyarme, yo los recibo con los brazos abiertos y me dedico a lo que sólo yo puedo hacer para el logro de mis resultados, con lo demás todo el apoyo que llegue, siempre que sea enfocado a los resultados, es muy bien recibido.

Todo esto es como andar en coche: puedo continuar en el coche de otro, como pasajero o decidir conducir el coche, que puede ser propio, prestado, alquilado, en todo caso hay que tenerlo si decido dejar de ser pasajero en el coche de otro. Antes de salir es importante, muy importante, definir para dónde vas, con el riesgo de que al no hacerlo es posible no llegar a algún lugar o llegar a uno que no te guste. Hay que revisar las condiciones del coche, que tenga todo lo necesario para llevarnos hasta el lugar al que queremos ir: documentos, equipos reglamentarios, que mecánicamente esté bien, que tenga combustible, cuando menos para llegar hasta la siguiente estación de servicio, que las llantas estén, además de completas, en buen estado, etc.

Hay que saber conducir o contar con alguien que sepa hacerlo, y contribuiría si ese alguien además de conducir me acompaña durante el trayecto. Después de tener todo listo, lo que marcará la diferencia es TOMAR ACCIÓN, no importa que tan bien planeado quede todo, con qué, recursos cuente, sin acción el coche no se moverá a ningún lado. Es decir, que necesitas además del vehículo y la estrategia, asumir la responsabilidad de llevarlo hasta el destino final y para eso deberás ser la persona adecuada.

Como emprendedores no dejamos de ser humanos y es del ser humano avanzar y crecer de manera permanente, es nuestra propia naturaleza. Contar con herramientas para apalancar ese crecimiento es una ventaja que hoy puedes utilizar en tu favor.

Recuerda: "Soñar no cuesta nada, lograr que esos sueños sean realidades requiere que pagues el precio, que no lo sean, también tiene su precio, y muchas veces es más alto que el de tomar acción para lograr lo que sueñas".

Paola Andrea Vargas del Rio
Facilitadora, conferencista y capacitadora en temas de autoliderazgo, desarrollo y crecimiento personal. Coach Personal, Ejecutiva, Corporativa y de Equipos.

Yo Soy un Emprendedor

Por **Aldo Vidarte Fiek**
aldovidarte@gmail.com

Siempre que investigo algo que me interesa o que me proponen, hago lo que comúnmente hacemos todos, primero en términos generales, analizo qué resolvería con ello, si los beneficios son interesantes, si es rentable en el caso de un negocio, si puedo minimizar los riesgos y cómo; y ante todo, para los que tenemos un plan de vida, si guarda relación con este.

Y me refiero a un plan de vida cuando este está visualizado, verbalizado, escrito y en desarrollo y/o ejecución, porque lo cierto es que sólo el 2 por ciento de la gente lo tiene así. Lo que tiene el 98 por ciento restante, y lo digo con la intención de llamar a la reflexión, es un conjunto de sueños y buenas intenciones que de hecho son el punto de partida para el plan, pero que deben ser trabajados para afinar bien lo que queremos ser y hacer, si queremos alcanzarlo.

Independientemente de la decisión que tomemos, si somos o no arriesgados, dicho análisis, sin que nos demos cuenta, se da en nuestra mente a través de un diálogo interno que nos va diciendo cosas.

Así que cuando recibí la invitación de Álvaro y Luis Eduardo para participar con un capítulo de este libro empecé con mi diálogo interno:

¡Genial, este es el momento! Y mi nombre saldrá con el de ellos, estaré en el mismo nivel de Álvaro, de Luis Eduardo, wow, ya me veía. Además, ya tengo cosas escritas y la idea completa.

A la vez y casi al mismo tiempo:

¿Tendré tiempo para hacerlo?, ¿y si al final no puedo?, te vas a complicar Aldo, porque ya tienes muchas cosas.

No nos damos cuenta pero es así, y es válido, porque es lo que pensamos y que nos hace sentir seguros o inseguros, con pasión o temor. Y no es que esté bien o mal, lo que debemos analizar es si nos está permitiendo avanzar hacia lo que soñamos, hacia lo que queremos, o nos está paralizando y distanciando de ello y de las personas que quisiéramos en nuestras vidas. ¿Es nuestro ego que nos impide seguir aprendiendo?, ¿es temor que nos impide aprovechar oportunidades y que, en el fondo, hace que no creamos en nosotros mismos?

Lo cierto es que será verdad mientras nosotros queramos que sea verdad, y ahí entra a tallar el Coraje.

Para explicarlo mejor lo voy a caricaturizar, el diálogo interno es como los dos personajes que aparecen en la cabeza de uno, los más conocidos son el santo y el diablito, que nos dicen cosas opuestas orientadas a tomar decisiones. Yo me voy a referir a otros personajes, por un lado al que tiene seguridad en sí mismo, conocedor de sus sueños, que siempre dice "sí puedo", y al que voy a llamar "mi Yo ganador", y por el otro, al inseguro, temeroso, con más ego del que acepta tener, que se guía más por el qué dirán y que, por lo general, nos aconseja que "no lo hagamos" enviándonos además la sensación de que así estamos más tranquilos y cómodos, y al que voy a llamar "mi Yo boicoteador". No hay decisión que no tomemos con estos dos últimos, aunque para nosotros pase desapercibido.

Y no es que "mi Yo ganador" haga todo sin mayor análisis, sí lo hace, la diferencia está en que lo hace buscando caminos que minimicen el riesgo en lugar de descartar la oportunidad como lo hace "mi Yo boicoteador".

Debo confesar que llevo muchos años diciendo que voy a publicar lo que escribo, y hasta hoy ganó la voz de "mi Yo boicoteador", pero soy de los que creen que por algo pasan las cosas y que todo tiene su momento, de manera que esta vez es mi momento, el inicio de mi puesta en escena y el punto de partida para empezar a dar todo lo que la vida me dio.

En este momento me encuentro escribiendo estas líneas en la habitación del hotel en Bogotá, luego del segundo día del evento "Los Maestros de Internet 2014", evento anual obligatorio en la agenda de cualquier persona que tenga interés, de manera seria, de emprender algo y cambiar su vida, y "mi Yo ganador" me dijo, Aldo, si los mejores te invitan y no aceptas, no es que tengas miedo, es que eres un tonto.

Así que aquí estoy, escribiendo, disfrutando, sonriendo y pensando en lo que acabo de recordar.

Tarde o temprano estarás donde tienes que estar...
Desde muy niño tuve mucha vida interior y por ello hacía comentarios muy precisos acerca de las situaciones que veía o vivía. En mi familia decían "Aldo nació viejo", asociando viejo a sabio, sin embargo, yo no me sentía especial sino más bien tímido, y tanto así que en las situaciones donde yo podía sobresalir me quedaba callado, y era porque me enfocaba en lo que le faltaba a mi vida para ser "perfecta o normal" según los parámetros de la sociedad, ya que mis padres se habían divorciado, en lugar de enfocarme en las cualidades con las que vine por y para algo.

Recuerdo que, cuando en el Colegio los profesores hacían

preguntas yo no sólo sabía las respuestas, sino que se venían a mi mente de manera estructurada, con contenido, con comentarios, con propuestas, y en lugar de responder me preguntaba a mí mismo, "¿respondo?" y me decía, "no, mejor no"; y otra vez me preguntaba, "¿respondo? no, mejor no", y finalmente cuando me decidía a dar mi respuesta magistral alguien levantaba la mano, decía una parte de lo que yo había pensado, y le decían "muy bien", y pasábamos a otro tema. Al final yo terminaba siendo el niño callado que, por lo general, se piensa que no sabe nada y no tiene nada que opinar, y terminaba sintiéndome como un idiota.

Años más tarde encontraría la fórmula para superar esto y que en este capítulo compartiré contigo, porque es algo que afecta los resultados de mucha gente, lo vi en algunos amigos en la universidad y luego en las empresas en las que he trabajado.

En el último año de secundaria la psicóloga del colegio me hizo el test de orientación vocacional, para ayudarme a definir qué profesión me convenía estudiar. El hecho es que me citó a la entrevista para darme los resultados pero empezó preguntándome qué era lo que yo había pensado estudiar. Nunca olvidaré su cara cuando le dije que quería ser Ingeniero, si bien después lo verbalizó y me lo dijo, durante los primeros segundos su cara fue muy elocuente para hacerme notar que la dejé sin palabras, tan solo para hacerme las dos preguntas que me haría: "¿qué?" y "¿en serio?".

Ahora me río muchísimo de eso pero me acuerdo que con la inocencia de un joven de 15 años le pregunté "¿por qué?", y ella respondió "es que el test de orientación vocacional nos dice que tú tienes habilidades para ser Psicólogo". Claro, ahí la cara rara fue la mía, como la de un ¡Plop! de Condorito. De hecho yo no me veía leyendo y leyendo, y para mí una carrera de letras representaba eso.

Si bien yo no era el top en matemáticas estaba dentro del grupo de los más avanzados en esa materia, así que me dijo, bueno, piénsalo, pero si quieres ser Ingeniero te va a costar.

Y claro que me costó, no sé si porque de alguna manera su comentario me condicionó o porque efectivamente yo tenía más habilidades para las letras, pero me costó. Además, mi sueño era estudiar y ser Ingeniero de una de las Universidades más estrictas de mi país, la Pontificia Universidad Católica del Perú, así que me dirigía hacia un camino algo largo.

Empecé a leer alrededor de los 20 años y nunca paré. De hecho leo más que el promedio de la gente en América Latina, pero lo curioso es que leo más de Autoayuda, de Metafísica, de temas espirituales, de comunicaciones, de Coaching, de Programación Neuro-linguística y de Filosofía, que de otras cosas.

Obviamente, con toda esta batería de contenido puro, un día me dejé de sonseras, resolví mi timidez y empecé a hablar, pero lo más importante, empecé a decidir mi vida.

La vida es caprichosa, o más bien curiosa, porque no sabemos cómo se las arreglará para dirigirnos hacia donde debemos estar, hacia nuestra misión. En mi caso no se cansaría en hacerme recordar mis dones, ya que con el tiempo me convertiría en un Psicólogo empírico, ayudando y aconsejando, de vez en cuando a algunos amigos, e incluso tan solo conocidos, que confiaban en mí al escuchar algunos de mis comentarios. Así, como quien no quiere la cosa, terminé siendo un Ingeniero atípico, muy enfocado en las personas, con facilidad para hablar, para escribir, y para comunicarme a todo nivel.

Siempre he dicho que las cosas pasan por algo, y con verdadera consciencia desde que empecé a aceptar que cada evento que pasa en mi vida me trae algo, aunque a veces no guarde relación con mis expectativas o con lo que hubiera deseado. El secreto está en buscar el mensaje, la enseñanza o aceptar que simplemente fue tan solo un evento más, quizá para que otra persona aprendiera algo.

Debo decir que tuve la suerte de que me gustara mucho mí profesión, y digo "tuve la suerte" porque, valgan verdades, a los 15 años aún no sabemos bien qué queremos ser y hacer, de manera que muchas veces terminamos decidiendo la profesión usando el mismo criterio que el del chiste del niño que le dice a su padre que quiere ser huevón porque lo escuchó decir "mira que coche tiene ese huevón", pero no porque sea consciente de sus dones, cualidades y pasiones.

En mi época eso significaba que la mayoría terminaba estudiando ingeniería, medicina o derecho (abogacía) porque la sociedad decía que eran las carreras "de prestigio" y, si bien eso está cambiando, aún hay mucho camino por recorrer, partiendo del hecho de tomar consciencia del impacto que tiene, en los resultados de las empresas y de los países, el que los jóvenes estudien profesiones o carreras técnicas que no les gusta y/o que no guardan relación con sus habilidades innatas, ya que ese aspecto guardará relación directa con sus rendimientos y sus estados de ánimo que, a su vez, tendrá repercusión en las familias, generando así un círculo vicioso en las sociedades.

En mi caso la vida me fue preparando para mi misión. A modo de resumen, soy Ingeniero Industrial de la Pontificia Universidad Católica del Perú; tengo una Maestría en Gerencia Social de la misma Universidad; soy Coach personal, para ejecutivos y para emprendedores certificado por Tisoc (The International School of Coaching) de España; estoy inscrito en la IAC (International Association of Coaching); tengo una especialización en Influencia Irresistible y soy Master Coach de Negocios con PNL de la Universidad de Marketing y Ventas con PNL de Florida, USA; soy Coach Internacional con PNL e Instructor de PNL de la Escuela Superior de PNL de Guadalajara, México; estoy inscrito en la Asociación Internacional de Coaching con PNL y soy Conferencista Internacional inscrito en la Asociación de Conferencistas Hispanos.

"Actualmente, luego de haber ejercido en mi profesión como ejecutivo durante más de 25 años en diferentes industrias y sectores de la economía, desarrollando mercados y modelos de negocio, soy empresario del sector construcción y me encuentro fusionando mi experiencia personal y familiar, con la profesional, para ayudar a tener una mejor comprensión de cómo pensamos, nos comunicamos y tomamos decisiones los seres humanos, y cómo influye esto en la forma en la que interactuamos con nuestro entorno y en nuestros resultados, y; a partir de ello, me encuentro desarrollando programas para inspirar a que las personas vivan en armonía y asumiendo sus vidas con responsabilidad para alcanzar la libertad financiera que merecen; y ayudar a que las empresas pongan en consideración la importancia de contar con un estilo de liderazgo que priorice la armonía en todos los niveles dentro de la organización, esto es, del empresario o familia empresaria, de los ejecutivos y del personal, con la implementación de una cultura de comunicación que alcance el nivel óptimo, como medio para formar y consolidar equipos de alto rendimiento, que aseguren crecimientos mucho mayores al promedio de los mercados que atienden; y que compartiré a través de una serie de entrevistas, conferencias y programas de capacitación, presenciales y on-line, para personas y

empresas, a partir del segundo trimestre de 2015, en diferentes países".

"Hoy manejo mis tiempos, que uso para disfrutar de mi familia y seguir creciendo como ser humano, para viajar a eventos en todo el mundo donde me capacito y donde comparto la visión de un mundo mejor con gente interesante de más de 20 países, y desarrollo estrategias y procedimientos que me permiten seguir consolidando mi empresa de construcción".

"En otras palabras, estoy donde quiero estar, con quien quiero y haciendo lo que quiero, recorriendo este círculo virtuoso en el que entré hace ya varios años porque así lo decidí, y que ahora quiero compartir con las personas y empresas que deseen y tengan el coraje de dar un paso hacia la siguiente etapa en sus caminos".

Nunca dejes de estar atento a lo que te dice tú corazón...
Me pongo a pensar ¿cómo sería mi vida si hubiera seguido las recomendaciones que arrojaba mi test de orientación vocacional? Si hubiese descartado Ingeniería para estudiar Psicología. Y no es que el test estuviese mal elaborado o mal interpretado, es que hay más elementos que uno mismo tiene que evaluar cuando tiene que tomar decisiones trascendentales en su vida. ¿Cuántas veces descartamos lo que nos dice nuestro corazón porque nos dicen que debemos ir por otro camino o porque encontramos "muchas dificultades"?

Me pregunto cómo me sentiría si no hubiera tenido el coraje de salir de mi zona de confort para crear y hacer crecer mi propia empresa, y a capacitarme para aportar en lo que me apasiona, el desarrollo humano.

Mi vida actual, mi historia bonita, de armonía, con la

prosperidad y abundancia que les estoy contando no siempre fue así.

Cuando tenía 25 años le dije a mi madre que cuando tuviera 50 iba a estar haciendo lo que me apasionara e iba a estar con mi economía personal resuelta. Debo confesar que cuando cumplí 40 años estaba muy lejos de eso, había tenido altibajos y me iba hacia la bancarrota de mi primera empresa, aunque sin repercusiones ya que en ese momento tenía otra actividad más y, de hecho, experiencia, carácter y estabilidad emocional suficientes para no abandonar mis sueños.

Pero yo no fui el único que la pasó difícil, yo soy de una generación que pasó por la bancarrota de Perú luego de que un gobierno irresponsable y corrupto generara una hiperinflación histórica (más de 2 millones por ciento acumulada en 5 años) y que además no tuvo la capacidad de manejar el terrorismo que destruía el país.

Los que conocen algo de la historia del Perú sabrán que los coches bomba que explotaron en el canal de televisión Frecuencia Latina y de Tarata, calle del distrito de Miraflores en Lima, fueron el detonante para que el gobierno de ese entonces empezara a tomar decisiones más firmes en contra de esa gente. Les cuento esto porque yo soy sobreviviente de Tarata, de ese fatídico 16 de julio de 1992, donde explotaron 2 coches bomba con 250 kilogramos de explosivos cada uno.

Nunca olvidaré que manejaba mi auto camino a casa, con mis padres, y estando a una cuadra de la esquina de Tarata fui cruzado por un patrullero de la policía que venía a mucha velocidad, con los policías con las cabezas y metralletas afuera, mirando, como buscando algo, y era que ya habían dado la información y estaban buscando los coches bomba. Lo demás es historia, seguí mi camino y cuando llegué a la esquina con Tarata los coches bomba explotaron. Sin entrar a detalles de todo lo que vivimos, lo importante es que afortunadamente ni a mis padres ni a mí nos pasó nada, y cuando llegamos a la casa y vimos las noticias no lo podíamos creer, habíamos estado ahí y estábamos a salvo.

Les he contado estas anécdotas de mi vida para mostrarles que todos nosotros tenemos experiencias que según el modelo perfecto de las películas no son buenas, pero eso no significa que la vida se termine y que la experiencia sea mala en un análisis global. Lo cierto es que no hay fracasos, sólo hay resultados, que las cosas pasan por algo, y por ello no debemos etiquetar las experiencias como buenas o malas, son tan solo experiencias. En todo caso podríamos hablar de experiencias y de resultados que fueron satisfactorios y de otras que no cumplieron con nuestras expectativas pero que de seguro nos dejaron una enseñanza, aunque en ese momento no lo entendiéramos así.

Siempre tendremos dos maneras de interpretar y contar nuestra vida, y siempre tendremos dos formas de seguir viviendo, agradeciendo los aprendizajes y asumiendo la responsabilidad para hacer realidad nuestros sueños o anclándonos a los malos recuerdos y echándole la culpa al entorno.

En mi caso, pude haberme ido del país, de hecho por mi formación y edad primero tuve la opción de ir a trabajar a una plataforma petrolera en el fin del mundo y luego califiqué a Canadá, pero algo en mi corazón me decía que no me fuera, que yo tenía mucho por hacer en mi país, no sabía qué, cuándo, ni cómo, pero había algo; pero lo más importante y que no soportaba mucho análisis, tenía a mi familia, y por ellos y por mí, tenía que tomar acción.

Seguramente tú también tienes historias como estas, sólo que tal vez no las recuerdes bien. Te sugiero que hagas un poco de memoria o le preguntes a tus padres, hermanos o familiares. Haz una noche de recuerdos con unos vinos y quesos, y te aseguro que además de gozar de una noche espectacular con todos, obtendrás información valiosa para tu crecimiento personal y para que, de una vez por todas, te des cuenta y creas en que ya eres un emprendedor.

Tú también eres un emprendedor...
...pero primero tienes que...
Si hay algo que caracteriza a un emprendedor de éxito es su permanente insatisfacción con lo establecido y su permanente búsqueda de mejores caminos o soluciones, así como la certeza de que tendrá éxito, ya que se enfoca en ello, lo siente, lo visualiza, lo vive y por ello la incertidumbre no es un aspecto que le preocupe, no porque sea un ingenuo y se arriesgue demás, sino porque tiene la motivación suficiente para resolver cualquier situación que se presente y genere riesgos.

Un emprendedor de éxito está atento a las oportunidades y está dispuesto a tomar acción, y para ello, a capacitarse, a preguntar, a pedir ayuda, a aprender y a implementar mejoras cuando sea necesario, gracias a que no pierde el enfoque. Tiene carácter, tiene voluntad, tiene ilusión y, por supuesto, tiene coraje.

Goza lo que está haciendo, porque siente pasión por ello, tal cual lo hace un bailarín, que no está pensando en si el siguiente paso será para la derecha o para la izquierda, o preguntándose ¿qué pasaría si me caigo?, porque sólo disfruta y fluye con el mismo.

De manera que si tú tienes alguna o varias de estas características pero aún no tomas acción, con seguridad eres un emprendedor, la pregunta es ¿qué esperas para ser un emprendedor de éxito?

La acción de emprendimiento más importante es la creación, la vida misma y, por tanto, cada uno de nosotros somos emprendedores por naturaleza, de manera que el concepto de emprendimiento no sólo debe ser asociado a la creación de una empresa o al desarrollo de un proyecto o iniciativa, que son los conceptos a los que usualmente está asociado, sino también a emprendimientos en nuestras vidas y, en principio, con nosotros mismos.

Es claro para la mayoría de nosotros que cuando uno crea una empresa, define la visión, la misión, los objetivos, las estrategias, las metas, define una organización que sea adecuada para gestionar la estrategia, define funciones y responsabilidades y el perfil del personal que las ejecutará, estructuras salariales, sistemas de evaluación, procesos, procedimientos, sistemas de control y seguimiento, entre otros; sin embargo, es curioso que al tratarse de nuestras vidas no lo hagamos. Prueba de ello es que sólo el 30 por ciento de la gente tiene un plan de vida y sólo el 2 por ciento de este lo tiene por escrito.

Lo curioso es que el 100 por ciento espera vivir feliz, que todo les vaya bien a ellos y a sus familias, tener un buen trabajo, una buena pareja y una lista interminable de generalidades que incluso son una copia de lo que la sociedad y el sistema dice que debemos alcanzar. En otras palabras, no sabemos bien qué queremos, no estamos dispuestos a pensarlo ni a cambiar mucho de lo que ya hacemos, y como no obtenemos eso que no sabemos, le echamos la culpa a Dios, al Universo, al entorno o a la Ley de Atracción que suena bonito y lógico pero que "para nosotros no funciona".

Es como entrar a una tienda de ropa y decir "quiero comprar

ropa". La pregunta es, para qué estación: invierno, primavera, otoño o verano; para qué ocasión: elegante, sport-elegante, casual, deportiva; en qué tallas, colores, modelos, qué precios podemos o estamos dispuestos a pagar, etc. Debemos ser más específicos si queremos atraer algo.

Pero como dije en uno de los puntos anteriores, "tarde o temprano estarás donde tienes que estar" y como no sabemos bien qué es lo que queremos, lo que sucede al final es que Dios, la Energía Divina o el Universo, según lo que creas, nos envía las experiencias que necesitamos para crecer, pero como no tenemos un plan no sabemos qué viene luego de cada paso y terminamos teniendo la percepción de que todo es cuesta arriba, como la siguiente figura, cuando podría ser más fácil si asumiéramos la responsabilidad de lo que queremos, hiciéramos un plan y disfrutáramos del camino.

Obviamente el plan de tu vida es más que comprar ropa, eso sólo fue un ejemplo de la necesidad de ser más específicos si deseamos algo.

Lo cierto es que en el caso de nuestras vidas es igual que en el de una empresa, tenemos que saber hacia dónde vamos:

¿Cuál es nuestra misión?

¿Cuál es el propósito de nuestra vida?

¿Cuál es nuestra visión?

¿Cómo nos vemos en 5 o 10 años?

¿Cómo queremos estar?

¿Cómo queremos que nos vean?

¿Qué queremos alcanzar?

¿Cuánto dinero queremos ganar?

¿Dónde estamos?

¿Qué nos falta para llegar?

¿Cuál es nuestro plan?

¿Estamos dispuestos a pagar el precio para alcanzar la meta que queremos?

La última pregunta es tan importante como la meta, porque dentro de lo real podemos fijarnos una meta muy grande en un tiempo prudencial, pero si no estamos dispuestos a pagar el precio no es real. Y agrego algo más en base a mi experiencia y muy probablemente a la tuya, la meta debe ser ecológica, ya que si el lograrla significa perder tu matrimonio, la vida de tus hijos o tu salud, si no hay un equilibrio entre tu vida personal, familiar y profesional, no tiene ningún sentido de vida.

Y en esto las empresas tienen una tarea importante, ya que si bien la vida personal de sus colaboradores no es directamente su responsabilidad, lo es indirectamente en la medida en que no tengan planes claros y se enfoquen en el corto plazo para lograr sus resultados y, por ende, no evalúen de qué manera sus "líderes" los están obteniendo, ya que así dejan de preocuparse por crear y mantener un ambiente saludable para todos.

No voy a juzgar las razones por las que sucede, sin embargo, en mis 25 años de experiencia, he visto, con cierta frecuencia, cómo empresas importantes contratan los servicios de un equipo de consultores para ayudar a hacer el planeamiento estratégico de la compañía, ocupando algunos meses del tiempo de muchos colaboradores, y luego este queda dentro de un cajón. Lo crítico es que después, obviamente, presionarán por las metas, sino no hay forma de mantener el negocio.

El problema es que a la falta de un plan aparecen las acciones desarticuladas entre áreas, que terminan ocupando el tiempo de los ejecutivos y demás colaboradores más allá de lo necesario. Y en ese escenario veo a algunos amigos que nunca tienen tiempo ni para tomar un café, y me pregunto, ¿para qué?, en oportunidades ni siquiera logran tener dinero para alcanzar una mejor calidad de vida, y se conforman con tan sólo el nombre del puesto, que les da una supuesta "posición" en la sociedad.

Podemos emprender con una empresa o con proyectos puntuales, pero si realmente queremos tener éxito en ellos y en nuestras vidas, debemos saber qué queremos y hacer un plan, pero antes y lo más importante, necesitamos emprender con nosotros mismos, y para eso requerimos de mucho coraje, ya que se trata de un viaje interno donde debemos comprender y aceptar muchas cosas que no necesariamente serán de nuestro agrado o para las que no necesariamente estamos preparados, pero que son fundamentales para que asumamos la responsabilidad de nuestras vidas y empecemos a vivir en armonía con el entorno y logremos equilibrio entre nuestra vida personal, familiar y profesional.

En mi caso hice eso, emprendí conmigo mismo, y con ello recordé mi misión y mi pasión, lo que generó que a pesar de tener una situación laboral privilegiada, aceptara que no me sentía bien, que algo me faltaba, que me encontraba en una rutina de la casa al trabajo y del trabajo a la casa, y a la espera de 15 o 30 días de vacaciones al año.

Y así, un día tomé la decisión de salir de eso que le llaman la zona de confort pero que, en realidad, dista de serlo porque no nos trae satisfacción, visualicé lo que quería, identifiqué en qué tenía que capacitarme más, identifiqué algunos gurúes a seguir para acortar el tiempo de aprendizaje e hice un plan sin saber bien cómo lo iba a ejecutar, pero eso era lo que quería.

Lo que si tenía claro era que tenía mucho por dar a partir de más de 40 años de una vida muy variada pero siempre enfocada en el desarrollo humano, de más de 25 años de experiencia laboral y empresarial, y de un sinnúmero de propuestas de cómo deben fusionarse para que tanto personas como empresas alcancen lo que deseen.

Lo demás, de alguna manera ya te lo conté, me re-encontré conmigo mismo, encontré equilibrio en mi vida, éxito en mis negocios, libertad de tiempo y libertad financiera, y que ahora compartiré a través de una serie de entrevistas, conferencias y programas de capacitación, presenciales y on-line, para personas y empresas, a partir del segundo trimestre de 2015, en diferentes países.

¿Por qué nos cuesta hacer un plan de vida?
Es una buena pregunta, ¿verdad? En el fondo muchas veces sentimos y creemos que no podemos o que no lo merecemos. Y es porque tenemos creencias limitantes o virus mentales que nos han grabado en cada etapa de nuestras vidas, ya sea por nuestros padres, nuestros maestros o nuestro entorno en general, que hemos aceptado como válidas y que son las que le dan el contenido a nuestro diálogo interno y generan que "mi Yo boicoteador" usualmente tenga más argumentos que "mi Yo ganador".

Por ello es importante que tomemos consciencia de cómo pensamos, cómo tomamos decisiones, cómo nos comunicamos y cómo influye esto en nuestros resultados personales y en el resultado de las empresas en las que laboramos, para que a partir de ahí, tanto personas como empresas, puedan hacer las correcciones del caso y alcanzar el éxito; **temas bastante extensos que no voy a tratar en esta oportunidad por un tema de espacio, pero que también compartiré en la serie de entrevistas, conferencias y programas de capacitación, presenciales y on-line, para personas y empresas, a partir del segundo trimestre de 2015, en diferentes países.**

Lo que si voy a tocar es de dónde tenemos las creencias limitantes o virus mentales, ya que son las que marcan la forma en la que pensamos y tomamos nuestras decisiones, que por lo general son de carácter subjetivo, ya que han sido construidas en base a percepciones de la realidad.

La mala noticia es que estas creencias limitantes y virus mentales se encuentran en nuestro inconsciente y que este toma nuestras decisiones en el 95 por ciento de los casos, esto es, nosotros sólo decidimos en el 5 por ciento.

La buena noticia es que nosotros tenemos la capacidad de reprogramar nuestra mente y, por tanto, podemos modificar estas creencias o virus cuando tomamos consciencia de que no aportan a lo que queremos.

¿Dónde nos programaron así?

En todos lados y si bien les voy a presentar más los programas negativos, es porque la idea es que tomemos consciencia de los programas que deberíamos cambiar para tener éxito, sin embargo, también tenemos muchos programas positivos y mucho amor.

De nuestra educación (la familia, el colegio, nuestro entorno de niños)

Y es que muchos de los mensajes y ejemplos que recibimos se enfocaron en que debemos tener cuidado de algo, no sabemos de qué pero debemos tener cuidado, porque se enfocan en temores, en que mejor es ir por lo seguro, lento y seguro, para no equivocarnos, para que nadie tenga nada que decir sobre nosotros.

Y así nos quedamos con cosas como:

No, no hagas eso que te vas a caer…

Nos programaron para creer que si emprendemos algo lo más probable es que fallemos. Sin mayor explicación ni análisis, nos cortaron las alas.

Si te caes te va a doler, ¿ah? Yo no sé…, después no llores…

Analicemos estos simples pero potentes mensajes:

"Si te caes te va a doler, ¿ah?", significa que si fallas te sentirás mal, esto es, nos programaron para deprimirnos cuando falláramos.

"Yo no sé", significa que nos dejaron bien en claro que estamos solos, el mensaje fue "estoy viendo pero no voy a asumir ninguna responsabilidad, es cosa tuya" y si otra persona falla tú no tienes nada que ver.

"…después no llores", significa que si fallas no te quejes, no demuestres tus sentimientos, esto es, nos programaron para no volver a hablar del tema si es que fallamos.

Interesante, ¿verdad? Tenemos más programaciones en nuestra mente de las que pensamos.

No llores, los hombres no lloran... mira cómo ese niño no llora...

Analicemos qué hay detrás de este mensaje:
"No llores, los hombres no lloran", esto es, nos programaron para que no demostremos nuestros sentimientos, y después nos preguntamos por qué hay personas que mueren de un paro cardiaco fulminante. Dios se lo quiso llevar decimos.

"Mira cómo ese niño no llora", significa que nos compararon, a quién le importa el otro niño, además, sin importar si el contexto era válido o no, terminamos comparados y con un sentimiento de yo soy menos que ese otro niño.

No hagas eso, qué va a decir la gente.

El famoso qué dirán. Lo curioso es que si preguntamos quién podría decir algo de lo que hemos hecho lo más probable es que sólo se refieran a la tía chismosa y dos personas más que nadie conoce, pero nos dejaron una sensación como que hemos pecado y que el universo nos está viendo, y por un pequeño evento quedamos marcados para toda la vida y pendientes del qué dirán.

Si nos ponemos a pensar, por eso es que si nos caemos en la calle nos levantamos mirando a los lados, empezamos a caminar y 2 cuadras más allá sentimos que la gente nos sigue mirando y nos sentimos como tontos, y nadie nos mira.

¿Les resulta familiar?
Y lo peor de todo es que llegamos a creerlo, creemos que

no podemos, que mejor es no comprometernos, salvo que estemos seguros de que no nos vamos a equivocar, como si equivocarnos fuera malo.

Del sistema
La sociedad, el mundo laboral y profesional, los medios de comunicación, las películas.

El sistema vendiéndonos modelos de éxito, determinando nuestras expectativas, y nosotros comprando esos modelos ligados a lo material.

Y así terminamos condicionando nuestra felicidad a si tenemos casa, carro y buena ropa. No paramos de estudiar pero no por pasión por saber más sino porque así tenemos más diplomas, porque compramos la idea que para tener éxito hay que esforzarse al máximo y porque la vida es una competencia.

Y nos apegamos a ese modelo de éxito y vivimos pendientes de los resultados. Terminamos confundiendo madurez con el hecho de ignorar nuestros sentimientos y confundimos responsabilidad con obsesión por el trabajo.

Y no sabemos por qué no nos sentimos bien. Tenemos ansiedad y temor de no lograr el éxito en esa película que nos han hecho ver. Peor aún, de perderlo a pesar de que aún no lo alcanzamos.

El sistema vendiéndonos modelos de pareja, la pareja perfecta que vemos en las películas.

Es curioso, vemos películas donde los protagonistas pasan de todo pero que terminan en un final feliz, y nosotros nos quedamos sólo con el final y queremos que nuestras vidas sean así en cada minuto, y nuestras relaciones se complican.

Y en este contexto, en este sistema que compramos y aceptamos como válido, nos lamentamos por el pasado, lo que sucedió, lo que hizo o no hizo el del costado; nos preocupamos por el futuro que aún no sucede; y perdemos el presente viviendo con ansiedad, inmóviles por el temor y generamos un futuro que no debería de darse si hiciéramos algo en ese presente que desaprovechamos, si nos enfocamos en lo que queremos y en cómo lograrlo de manera creativa, agradable, y manejando nuestros tiempos de manera equilibrada, y, lo más importante porque la vida se trata de eso, disfrutando del camino.

Por eso nos cuesta hacer un plan de vida. No sólo no sabemos lo que queremos, sino que estamos programados para negarlo y no buscarlo. No vamos por la vida buscando y capacitándonos, por ello es más fácil que gastemos US$1,500.0 en un TV o en un iPad que en un programa de capacitación, porque ante la falta de un plan no lo vemos como una inversión sino como un gasto.

Y para completar el auto-boicot le echamos la culpa al tiempo. Pensamos que el plan lo tenemos que hacer en diciembre para iniciarlo en el nuevo año y cuando la fecha se acerca nos genera ansiedad, porque no sabemos qué queremos, cómo escribirlo, cómo hacerlo, y porque pensamos que se aproxima el 01 de enero y no lo tenemos, como que se nos pasó la fecha y zas un año más sin plan. Cuando el 01 de enero es un día más y podemos empezar nuestro plan de vida cualquier día, hoy día, en lugar de esperar el siguiente año. Si es tu caso pregúntate ¿desde cuándo estás retrasando el inicio de tu plan? Y ahora que lo sabes, te invito a que tomes acción.

7 factores clave para tener éxito en el emprendimiento con uno mismo…
Manejemos nuestros temores, logremos que nos impulsen en

lugar de que nos paralicen.

Regulemos nuestras expectativas. No hay modelo perfecto, la felicidad está en disfrutar del camino, olvidémonos del qué dirán siempre que nuestras acciones no afecten a otros, y sólo compitamos con nosotros mismos para alcanzar nuestros sueños.

Vivamos el momento, no el pasado ni el futuro, que nos generan sentimientos de frustración, ansiedad, e incertidumbre.

Dejemos de vivir en esa nube de problemas creados en nuestra imaginación, y que nos da el sustento para auto-boicotearnos con razón y sin tener ninguna responsabilidad al respecto.

Sólo hagamos las cosas, empecemos, lancémonos y el miedo desaparecerá.

Dejemos de condicionar nuestros resultados al entorno

Asumamos la responsabilidad de nuestras vidas. Seamos consistentes con lo que decimos que queremos.

Dejemos de pensar que el universo confabula en contra nuestra.

Si estamos preocupados en echarle la culpa a alguien, o a algo, no esperemos que nuestro cerebro esté buscando caminos para realizar nuestros sueños.

Aceptemos la realidad, lo que somos, cómo son las cosas y cómo se presentan, así no lo entendamos. Si no nos gusta tomemos nota y hagamos algo al respecto.

No nos olvidemos de que las cosas pasan por algo, para que

aprendamos algo o simplemente porque tenemos que estar ahí para ayudar a alguien. No hay malo ni bueno.

Cualquier frustración de que las cosas no son como queremos no tiene sentido, son sólo la diferencia con nuestras expectativas creadas por los modelos perfectos.

Aceptemos los errores que hayamos cometido y aprendamos de ellos. Esto te sonará muy básico pero es más de fondo de lo que crees, porque lo cierto es que muy pocas personas lo hacen.

Tomemos consciencia de lo que tenemos y agradezcámoslo.

Nuestra vida, el solo hecho de amanecer en un nuevo día, nuestra familia, nuestra salud, nuestro trabajo, las oportunidades que se nos presentan, nuestros amigos, etc.

Pero digámoslo, todos los días al amanecer, gracias Dios por un día más de vida, gracias por darme buena salud, gracias por tener a mi familia.

Perdonemos
Perdonar es un proceso personal sin esperar nada del otro.

Es un acto que hacemos por nosotros para no quedarnos estancados en el pasado.

Perdonar es avanzar y no dejar que lo malo del pasado nos afecte en el presente (extracto de Bernardo Stamateas).

Tenemos que aprender a perdonarnos, a decírnoslo, te perdono, me perdono. Si no me puedo perdonar yo, cómo voy a perdonar a otros.

Recuperemos el buen humor

No confundamos responsabilidad y madurez con protocolos y caras de palo. No estoy diciendo que nos estemos riendo como bufones todo el día, pero hagamos que nuestro día sea agradable. Riámonos, hagamos bromas de las situaciones difíciles, así será más fácil resolverlas porque les daremos la importancia que tienen en realidad. No olvidemos que las comparaciones que hacemos con los modelos que compramos del sistema hacen que, a veces, veamos problemas donde no los hay.

Enfoquémonos en lo que queremos

Si queremos algo no debemos perderlo de vista, y debemos estar atentos, en la medida de lo posible, de que cada acción que hagamos nos lleve a ello.

Un ejemplo claro de esto lo podemos ver en cualquier jugador de fútbol que verdaderamente sea un Crack. Su enfoque estará en salir a ganar el partido, por tanto, jugará para el equipo y poniendo todo su esfuerzo y habilidad. Si le hacen un foul ni siquiera volteará a mirar quién se lo hizo, lo que hará será pararse, así el árbitro no haya cobrado el foul, y seguirá complicándole la vida a la defensa rival.

La diferencia la podemos ver en un jugador mediocre, que tomará cada foul como algo personal, mirará a cada jugador rival y lo fouleará, olvidándose de su equipo, del objetivo de ganar el partido, e incluso lo hará así lo terminen botando.

Y luchemos por lo que queremos. Cuando yo era chico ser futbolista era sinónimo de que no ibas a ser nadie en la vida, igual que actor o músico. Cuánta gente se quedó sin serlo, porque nadie se hubiera imaginado lo que podía ganar un futbolista. ¿Qué tremendo, verdad? Asegúrate que a ti y a tus hijos no les pase.

Disfrutemos del camino, ya que la vida se trata de eso
Muchas veces damos pasos importantes en nuestras vidas pero no los reconocemos porque usualmente reservamos la satisfacción y felicidad sólo al alcanzar la gran meta, que muchas veces no alcanzamos y que muchas otras ni siquiera sabemos bien cuál es, y es que nos preocupa demasiado lo que vea el entorno.

Es por esa razón que en deportes como el fútbol algunos jugadores juegan de manera extradeportiva y sus clubes los avalan creyendo además que eso es coraje y temperamento dentro de la cancha. Ni qué decir en el ámbito laboral, de negocios y más aún en el político, donde parece que todo vale, donde la sutileza de hacerte espacio sin importar los demás es válido, y a veces, hasta reconocido, tan sólo para lograr el resultado y que todos lo vean.

De pronto tú ya eres un emprendedor de éxito pero no lo ves.

En síntesis, 7 factores clave para tener éxito en el emprendimiento con uno mismo:

- Manejemos nuestros temores, logremos que nos impulsen en lugar de que nos paralicen.

- Dejemos de condicionar nuestros resultados al entorno.

- Tomemos consciencia de lo que tenemos y agradezcámoslo.

- Perdonemos.

- Recuperemos el buen humor.

- Enfoquémonos en lo que queremos.

■ Disfrutemos del camino, ya que la vida se trata de eso.

Y con esto, soñemos, tomemos consciencia de lo que queremos ser y hacer, hagamos un plan y tomemos acción.

Mensajes finales
Los dejo con dos mensajes para la reflexión, que encontré por ahí, y que sé que les van a gustar.

El primero:
Las personas fueron creadas para ser amadas y las cosas fueron creadas para ser usadas.

La razón por la que el mundo está en caos es porque las cosas están siendo amadas y las personas están siendo usadas.

El segundo:
Si un perro fuera tu maestro, te diría cosas como:
Cuando tus seres queridos lleguen a casa, siempre corre a saludarlos.

Nunca dejes pasar la oportunidad para ir a pasear.

Toma siestas.

Estírate antes de levantarte.

Deja que la gente te toque.

Cuando estés feliz, baila alrededor y mueve todo tu cuerpo.

Deléitate en la alegría simple de una larga caminata.

Sé leal.

Nunca pretendas ser algo que no eres.

Si lo que quieres está enterrado, escarba hasta que lo encuentres.

Cuando alguien tenga un mal día, quédate en silencio, siéntate cerca y suavemente hazle sentir que estás ahí.

¡Gracias y nos vemos en el camino!

Aldo Vidarte Fiek
Master Coach de Negocios con PNL
Coach de Vida Especialista en Procesos de Cambio
Instructor de Programación Neurolinguística (PNL)
Conferencista Internacional.
Si estás interesado en recibir información de las entrevistas, conferencias y programas de capacitación que lanzaré, para personas y empresas, escríbeme a: aldovidarte@gmail.com

Emprender después de los 50 años… ¿Un sueño que es posible o una locura irrealizable?

Por **Antonio Benito F.**
info@antoniobenito.com
www.AntonioBenito.com
www.ConsigueMasClientes.com

Por Qué es Importante Emprender Después de los 50…

Primero que todo dejar muy en claro que **emprender después de los 50 es un sueño de muchos que es absolutamente posible de realizar y que de ninguna manera es una locura irrealizable…**

También es muy importante decir que es una realidad que se ha transformado en un imperativo de los tiempos actuales, ya que hay ciertos hechos indesmentibles que actualmente ocurren y que determinan esta imperiosa necesidad de **Emprender Después De Los 50.**

Hecho Indesmentible 1: La esperanza de vida en América Latina se mueve entre los 70 y los 80 años según la OMS.

"Según el *Banco Mundial, Costa Rica y Chile son los países con mayor esperanza de vida* de América Latina, con un promedio de más de 79 años.

Perú y Venezuela cierran el top ten con un promedio de 74

años. Brasil, a pesar de ser desde hace muchos años la principal potencia, no llega a entrar entre los diez países que más se vive. Su esperanza de vida es de 73,3 años.

Sin embargo, la **ONU** indica que hacia 2050 *Brasil habría superado la esperanza de vida de Argentina* pero sin superar a Chile. (http://www.rpp.com.pe).

Estos son datos muy recientes y muy concretos que nos están diciendo que a los 50 años deberían quedarnos aún por vivir entre 25 y 30 años útiles, activos y aprovechables.

Hecho Indesmentible 2: Los sistemas de pensiones hace mucho tiempo que dejaron de ser la panacea (de hecho no sé si alguna vez lo fueron), muy por el contrario; considerando esta realidad, en Chile, la Superintendencia de AFPs está constantemente actualizando sus Variables de Calidad, asociadas a las distintas figuras de Pensión.

"América Latina enfrenta el desafío de aumentar la tasa de cobertura, reducir los niveles de informalidad laboral para garantizar mayores aportes y mejorar los ingresos de los adultos mayores. El 55 por ciento de los 290 millones de latinoamericanos en edad de trabajar, no aportan a ningún sistema previsional". (http://www.infobae.com).

Pero se sabe que estos sistemas en su génesis, no contemplaron la longevidad creciente de las personas que hoy se evidencia y por lo tanto van de mal en peor, es decir, no van a ser capaces de representar para los adultos mayores una fuente de ingresos suficientes para tener una vejez digna. Hoy ya no lo están siendo y vemos como muchos hombres y mujeres que se jubilan, pasan a tener vidas bastante complicadas y frustrantes porque basaron todo su futuro en su jubilación.

"La palabra jubilación, al igual que júbilo, proviene del vocablo latino "jubilare" que significa expresarse con alegría, aunque muchas veces la jubilación o retiro de la vida activa implique para la persona una situación de reacomodación en sus costumbres que en ocasiones puede traerle frustración, sobre todo si el trabajo ha sido lo fundamental en su vida". (http://deconceptos.com).

Hecho Indesmentible 3: Las rentabilidades de los instrumentos financieros tradicionales son cada vez más exiguas, actualmente todos sabemos que los fondos mutuos, los depósitos a plazo y las cuentas de ahorro son casi como tener el dinero debajo del colchón, lo cual en no pocas realidades, es más seguro que tenerlo en alguna institución financiera tradicional (que me perdonen aquellas instituciones que tienen gran prestigio y son serias, pero que de todos modos no producen rentabilidades satisfactorias para nuestros ahorros).

Es decir, si luego de toda una vida de trabajo duro, ahorro serio y disciplinado, no tienes un plan diferente y actualizado para poner a trabajar tu dinero para tu beneficio, estás en serio riesgo de ver cómo día a día este se reduce, se te escapa entre los dedos sin que sepas qué hacer para evitarlo y debiendo sufrir el enorme impacto existencial que esto conlleva.

Entonces recapitulando, tenemos que a nuestros 50s, nos quedarán en promedio entre 25 y 30 años de vida con una baja creciente en la calidad de ella…

…en los que con nuestras pensiones no tenemos garantizada una vida ni siquiera parecida a la que teníamos mientras estábamos completamente insertos en la vida laboral (lamentablemente en la mayoría de los casos viviendo de un empleo, que es lo que la mayoría hace para recoger ingresos, porque desconoce la infinidad de fuentes de ingresos que hoy están disponibles para todo el mundo)…

…y para colmo de males, si supiste hacer el esfuerzo de ahorrar, ahora te enfrentas a la indesmentible realidad que poniendo tu dinero en el banco o en instrumentos financieros tradicionales, este no va a crecer en tasas que te permitan cubrir tus gastos o mejor dicho, pagar el estilo de vida con el que soñaste durante toda tu vida para estos años.

Pues bien, me parece que no necesito decirte nada más para que estemos de acuerdo en lo importante que es **Emprender Después De Los 50**, sin embargo, tengo la certeza que podría seguir enumerándote muchas otras razones. De hecho **te invito a hacer el ejercicio de descubrir al menos otras 5 a 10 razones más** por tu propia cuenta.

Además, y a riesgo de parecer reiterativo, te voy a dar un muy buen regalo…

Se trata de otro importante e interesante ejercicio que te propongo realices, especialmente si ya estás en el retiro o por retirarte, es uno muy valioso que aprendí de *Mark Morgan Ford en su artículo "Three Essential Numbers for Your Finances"* ("Tres Números Esenciales Para Tus Finanzas") y tiene que ver con poder Mantener o Mejorar tu estilo de vida mas allá de los 50 o después de jubilar.

Esto es muy importante ya que ninguno de nosotros quiere ver reducido o degradado su estilo de vida cuando se acerca el retiro o de hecho ya estuvieras retirado, por eso es fundamental hacer algunos cálculos, tomar conciencia y poner manos a la obra.

Mark habla de "El ritmo al que se gasta el dinero" o "Lifestyle Burn Rate" (LBR, por sus siglas en inglés).

El ritmo al que se gasta el dinero (LBR), es la cantidad de dinero que necesitas cada año para disfrutar del estilo de vida que quieres.

Es fácil de determinar. Simplemente hay que calcular cuánto estás gastando actualmente cada año y, después, sumarle los costos anuales de todas las cosas adicionales que quieres tener y que no tienes ahora.

Cuando hagas las cuentas, agrupa los gastos en cinco categorías: gastos de la casa (incluidos el mantenimiento y los impuestos), gastos esenciales básicos (incluidos la comida, la vestimenta, etc.), educación (si corresponde) y caridad (si corresponde).

No adivines cuánto estás gastando. Adivinar, en mi experiencia, es sinónimo de infravalorar enormemente.

Usa tus costos reales del año pasado. Una hora o dos con tu registro de transacciones de la cuenta corriente es todo lo que necesitas.

Vas a ver cómo todo va a quedar más claro. Hace poco, cuando recalculé mi LBR, me sorprendí al darme cuenta del dinero que estaba gastando en comidas fuera de casa (¡USD$10.400!). (Estoy reduciendo la cantidad de veces por semana que comemos fuera de casa).

Tu LBR es un número decisivo. Sin él, no puedes hacer ningún otro cálculo para planificar tus finanzas. Tu LBR te dice cuánto dinero necesitas ganar y cuánto dinero puedes ahorrar e invertir.

La primera etapa se termina cuando llega tu primer hijo, es aquí cuando comienza la segunda etapa, casa, educación, salud, entretenimiento familiar y si asumes también el costo de la universidad de los hijos, esta etapa sólo termina cuando tus hijos entran a la vida laboral; si su educación universitaria la costean ellos, entonces termina cuando salen de la educación media.

La tercera etapa empieza después de liberarte de las dependencias y continúa hasta la muerte.

Para la mayoría de las personas, la primera etapa tiene la burn rate más baja. Eres joven y casi no tienes cargas. Si eres sabio, puedes limitar tus gastos a necesidades básicas y vino barato.

La segunda etapa, en general, es la que tiene la burn rate más alta. Tienes una casa más grande que mantener, más gastos básicos y de entretenimiento y los gastos de la educación de tus hijos. Es posible que también tengas que ayudar a tus padres.

La tercera etapa, tus años como jubilado, tiene una burn rate de por lo menos el doble que la de la primera etapa, pero bastante más baja que la de la segunda, esta puede ser una parte maravillosa de tu vida.

Vamos a la práctica, digamos que tu estilo de vida se paga con USD$2.000 por mes, es decir, USD$24.000 por año.

Supongamos que estás generando unos pocos ingresos por aquí y por allá haciendo cualquier cosa que te pueda permitir ganarte eso ingresos, y digamos que por esta vía te están ingresando USD$600 por mes.

Por otro lado tu plan de pensiones o jubilación (si lo tienes), o la rentabilidad de tus ahorros, o la suma de ambos conceptos te están generando USD$700 por mes.

Tenemos USD$600 + USD$700 = USD$1.300 por mes, es decir, USD$15.600 por año, pero sabemos que necesitas generar como mínimo USD$24.000 por año para mantener tu estilo de vida, es decir, te están faltando desde ya, USD$8.400 por año, es decir, USD$700 por mes.

Si además quieres darte unas vacaciones al menos una vez por año que te cuesten digamos USD$2.400, deberías provisionar por mes unos USD$200.

Y si cada par de años quieres cambiar tu automóvil lo cual supone entregarlo en parte de pago y agregar un pago de USD$9.600, entonces deberías para eso provisionar por mes USD$400.

Resumiendo:
Para cumplir con las metas trazadas que son, pagar tu estilo de vida, tomar unas vacaciones una vez al año y cambiar el auto cada par de años, te están faltando…

USD$700 + USD$200 + USD$400 = USD$1.300 por mes, USD$15.600 por año.

¿Ves… lo útil que ha sido este análisis? (Te sugiero que repliques este ejercicio en una hoja de papel para que lo entiendas mejor, y luego hazlo con tus propios datos).

Claro, no es para echarse a morir o ponerse a llorar, todo lo contrario, ahora sabemos con exactitud cuánto debemos generar en ingresos adicionales por mes para tener una vida al menos como la que hemos tenido hasta aquí.

Sin embargo, este ejercicio te va a permitir también ir mejorando notablemente tu estilo de vida, ya que cuando aprendas a crear múltiples fuentes de ingresos podrás ir cumpliendo paso a paso metas cada vez más ambiciosas y obteniendo logros cada vez más interesantes, a partir de que ya habrás aprendido algo clave…

Debes saber generar Múltiples Fuentes de Ingresos Pasivos que financien tu estilo de vida y te permitan construir un extraordinario futuro.

Muchas personas me preguntan cuando hablo de esto: ¿Qué son Ingresos Pasivos?

Los ingresos pasivos (también llamados ingresos residuales) son **ingresos que no requieren ningún tipo de trabajo activo por tu parte para ganarlos,** aunque pueden requerir una gran cantidad de trabajo ponerlos en funcionamiento. Coloquialmente decimos… *"haces bien el trabajo una sola vez y el resultado de este trabajo, te genera ingresos una y otra vez".*

En contraste, el **ingreso activo** es dinero que deja de llegar cuando dejas de trabajar. Si a ti te pagan un salario y renuncias a tu trabajo o te despiden, entonces dejarás de recibir dinero. Recibirás una liquidación para ayudarte en la transición, pero tu jefe no te seguirá pagando a menos que te sigas presentando a trabajar.

Del mismo modo ocurre cuando tú eres tu propio jefe o eres un **Auto-empleado,** como le llama Robert Kiyosaki, y necesitas poner día a día tú tiempo al servicio de esa actividad con la que generas tus ingresos, para que te los siga generando.

Por ejemplo, profesionales independientes como abogados,

odontólogos, médicos, quiroprácticos, contadores, etc., son auto-empleados; también lo son, los dueños de pequeños o medianos negocios, en lo cuales las cosas solo funcionan cuando ese dueño está a diario realizando un trabajo para que el negocio funcione.

Entonces la mejor definición de **ingreso activo** es, como dije anteriormente, aquel ingreso que te deja de llegar o dejas de percibir si dejas de realizar personalmente la actividad que lo genera.

Para terminar... te dejo aquí algunos ejemplos de **Ingresos Pasivos o Residuales:**

Si compras unas acciones que pagan dividendos, el dinero que ganas con los dividendos, son un ingreso pasivo.

Si tienes un departamento en arriendo o alquiler, el dinero que ganas con el alquiler, es un ingreso pasivo.

Si escribes un libro, los derechos de autor que ganes, son un ingreso pasivo.

Si creas una página Web el dinero que ganes con publicidad, es un ingreso pasivo.

Si creas una o varias páginas Web y en ellas vendes tus conocimientos y experiencia en los temas que conoces bien, por medio de Cursos, Charlas, Libros, Reportes, o en cualquier formato que pueda ser consumido por los clientes sin que tu tengas que estar del otro lado permanentemente, eso te permitirá crear un ingreso pasivo cada vez que se realice una de esas ventas.

Bueno, como dije anteriormente, de manera consciente he tomado el riesgo de parecer reiterativo, ya que estoy convencido de que ser "ignorante" (no te vayas a ofender, me refiero al hecho de ignorar estos conceptos muy importantes pero que no todos conocen) de estas cosas, no te libra de padecer las horribles consecuencias de no tener un plan financiero y de vida, que te conduzca por el camino al éxito integral.

Nadie lo pudo haber dicho mejor…

"La ignorancia no es una bendición, es pobreza. La ignorancia es devastación. La ignorancia es tragedia. La ignorancia es enfermedad. Todo esto viene de la ignorancia".

"Si no tienes un plan, lo más probable es que termines formando parte del plan de otro. ¿Y qué crees que los demás tienen diseñado para ti? ¡No mucho!"
Jim Rohn.

Por eso es que una vez más estoy listo para afirmar con total claridad, firmeza y certeza lo que te dije al comienzo…

Emprender Después De Los 50…
Es un imperativo de los tiempos actuales, ya que hay ciertos hechos indesmentibles que actualmente ocurren y que determinan esta imperiosa necesidad que aplica a hombres y a mujeres.

Existen muchas historias que han convertido en célebres personas a sus protagonistas, los que han iniciado emprendimientos muy exitosos y de gran connotación pasados sus 50 años.

Charles Ranlett Flint, nació en enero de 1850, su obra

maestra nació el 16 de junio de 1911, **cuando él tenía 61 años**; esa empresa demostró su capacidad de crecer y dominar el mercado desde el comienzo, pero fue sólo en 1924 que tomó el nombre con que hoy la conocemos, **International Business Machines Corporation, IBM**, el gigante azul.

Harland David Sanders, nació en septiembre de 1890, empezó a franquiciar su negocio de pollo **a la edad de 65 años**; se le conoce como el pionero de la comida rápida en Estados Unidos, también es conocido como el Coronel Sanders, protagonista de una inspiradora historia de un caballero que comenzó su negocio de franquicias con un cheque de 105 dólares. En la actualidad, el negocio de **KFC (Kentucky Fried Chicken)** ha crecido para ser uno de los sistemas más grandes de restaurantes en el mundo.

John Stith Pemberton, nació en julio de 1831, fue un farmacéutico estadounidense conocido por ser quien inventó la **Coca-Cola**. **A sus 56 años**, en junio de 1887, le fue otorgada la patente de la marca, una de las más importantes del mundo.

Raymond Albert Krok, nació en octubre de 1902, conocido como Ray Krok, fue un empresario, comerciante e inversionista, famoso por ser quien compró **McDonald's** a los hermanos Richard y Maurice McDonald en 1955, **cuando tenía 53 años**. Pese a no ser el creador, fue el fundador de la cadena McDonald's, así como el responsable de la internacionalización y expansión de la misma.

Samuel Moore Walton, nació en marzo de 1918, conocido como **Sam Walton**, él fundó dos de las tiendas minoristas más importantes de Estados Unidos, **Wal-Mart** y **Sam's Club**. Arrancó con un pequeño negocio en 1962, **cuando él tenía 44 años**. Treinta años más tarde, **Wal-Mart** ya contaba con 1.900

supertiendas, más de 430.000 empleados, ventas por US$55.000 millones y ganancias por US$2.000 millones, convirtiéndose así en el hipermercado más grande del mundo.

Ahora… y ciertamente guardando las proporciones respecto de los grandes emprendedores que te acabo de comentar, te invito a descubrir, cómo lo hice yo hace algún tiempo (tengo 56 actualmente); verás que sí es posible Emprender Después De Los 50 y te voy a mostrar un plan para que inicies el proceso.

Mi nombre es Antonio Benito, tengo 56 años, soy chileno, vivo en Chile y desde joven he sido muy inquieto con respecto a los negocios, nuevas tendencias y nuevas tecnologías. Estudié Ingeniería Civil en una universidad tradicional de mi país, antes de recibirme abandoné la carrera, porque me di cuenta que me estaban preparando para ser un buen empleado y yo no quería eso para mí, para muchos eso no tiene nada de malo, y yo respeto mucho a quienes piensan así, sin embargo, yo no quería pasarme la vida trabajando duro por el plan de otros… **quería construir y trabajar en mi propio plan.**

A los 25 años ya había leído libros como Mi Primer Millón y El Vendedor Más Grande Del Mundo, ya había creado un par de pequeños emprendimientos y me había casado con una extraordinaria mujer, mi amada esposa Soledad.

Como todo emprendedor, pasé por tiempos buenos y tiempos malos, emprendí desde cero varios negocios comerciales, industriales y de servicios, me caí varias veces y me levanté cada una de ellas.

Fui socio de una Agencia de Publicidad, dueño de una fábrica de muebles para cocinas, closets y baños; también de una fábrica de puertas y ventanas de maderas nobles. Desarrollé una pequeña cadena de tiendas de servicios de compostura de ropa, bordados y estampados, y justo antes de conocer el mundo de los negocios digitales (donde me desarrollo en la actualidad) conocí y desarrollé junto con mi esposa, una exitosa organización de multinivel que hasta el día de hoy nos genera interesantes ingresos por ventas y regalías.

Sufrimos como familia los rigores de la vida del emprendedor, hubo Navidades en que no teníamos ni ganas de celebrar, ni con qué hacerlo; vivimos épocas muy felices y prósperas, pero también vivimos momentos muy amargos, estuvimos muy cerca de perderlo todo; pero gracias a Dios hemos sido siempre una familia unida donde el amor y el compañerismo ha estado por encima de todo.

Mis padres, hermanos e hijos siempre me apoyaron en el siguiente intento, y mi amada esposa siempre **ha estado a mi lado** para apoyarme y consolarme, a veces por delante de mi para guiarme cuando me he visto perdido; **y no pocas veces detrás de mi** para protegerme y cuidar mis espaldas. Aprovecho estas líneas para darle infinitas gracias a mi amada Soledad.

Siempre fui muy creativo e innovador, un poco "loco" según mis cercanos, ya que siempre estaba hablando de nuevas ideas, nuevas tecnologías, nuevos emprendimientos, nuevos negocios, y siempre estaba buscando nuevas maneras de hacer las cosas.

Desde joven sabía que había maneras inteligentes y otras no tanto, para ganarse la vida, sin embargo, no fue sino hasta mis 40s, como ya mencioné, que me encontré con una actividad, o mejor dicho, un modelo de negocio llamado multinivel, que me cautivó y puso un sello especial de allí en adelante en cada emprendimiento en que me he embarcado, ya que era la combinación perfecta de dos de mis pasiones, emprender y enseñar a otros.

No te voy a hablar del multinivel, pero sí te quiero comentar que antes de conocer el multinivel, cada vez que emprendí y me fui rodeando de personas a las que enseñé lo que sabía para beneficio del emprendimiento, invariablemente me pasó, que lo único que conseguí fue crear competencia a mi alrededor, la que además conocía todos mis secretos.

Por eso digo que este modelo me abrió los ojos, me cautivó, me enseñó muchas cosas importantes para construir un mejor estilo de vida, me brindó unas disciplinas que todos debiéramos conocer, me dio pilares donde fundar un gran futuro...

...al fin había encontrado una manera inteligente de generar ingresos, que como comenté antes, desde hacía mucho tiempo venía buscado... sabía que debía existir, pero no sabía que se llamaba así ni que estaba tan a mi alcance.

Aprendí que el gran secreto para construir riqueza y un futuro extraordinario está no solo en ganar dinero, sino en ganarlo de manera inteligente, y eso se logra creando **Múltiples Fuentes de Ingresos Pasivos.**

Y aprendí que las personas que alcanzan su libertad financiera han desarrollado una **"inteligencia financiera"** que no se enseña en las escuelas y universidades.

La inteligencia financiera por definición, es esa parte de nuestra inteligencia que utilizamos para resolver problemas de dinero.

La inteligencia financiera, se busca, se aprende, se entrena y luego se enseña a otros, por eso es que el Padre Rico de Kiyosaki decía:

"Inteligencia financiera es simplemente tener más opciones".

De eso vamos a estar hablando, de aquí en adelante vas a descubrir una multitud de opciones que están mucho más a tu alcance de lo que crees.

Como dije hace un momento, te voy a mostrar que sí es posible Emprender **Después De Los 50** y te voy a mostrar un plan para que inicies el proceso.

Hacia el final del capítulo, veremos que ciertamente **El Dinero No es lo Más Importante** de todo lo que vas a poder lograr, sin embargo, hay que reconocer que sólo cuando el dinero está y deja de ser un problema que nos estresa y nos consume hora tras hora, **es cuando realmente nos podemos enfocar en las cosas verdaderamente importantes en la vida…**

Aprende a Reconocer tus Ventajas

¿Cuantos años has pasado en esta vida?

Seguramente más de 40 o 50, suficientes años como para haber acumulado una cantidad de sabiduría y experiencia que si bien no te convierte en un sabio, te da una perspectiva o una mirada de las cosas que no se tiene a los 20 o 30, ese sólo hecho en sí mismo tiene un valor inmenso y tú no puedes estar ajeno a ello.

Has asistido al más impactante cambio que ha experimentado la humanidad en toda su historia, el que ha ocurrido en los últimos 50 años.

Te tocó vivir no sólo un cambio de siglo, del siglo XX al siglo XXI, sino que también te tocó vivir un cambio de milenio.

Has presenciado cosas que hoy ya no existen, seguramente las viste llegar al mercado y luego de un tiempo las viste desaparecer, volverse obsoletas, asististe a cambios radicales en las economías del mundo, cambios increíbles en las industrias y el comercio, etc., etc. …

Por todo aquello tienes unos elementos de juicio y comparación excepcionales, que sólo los privilegiados que hemos asistido a todos estos cambios tenemos, y son tuyos, para tu beneficio y el de muchas personas a las que puedas alcanzar.

Has intentado muchas cosas en tu vida y seguramente te has caído varias veces… pero hoy estás aquí, eso quiere decir que te levantaste y estás caminando nuevamente.

Es decir, nunca has fracasado… simplemente aprendiste algunas maneras en que no se hacen ciertas cosas para que funcionen y es tú privilegio y responsabilidad compartir todo ese aprendizaje, toda esa enseñanza que la vida te ha regalado.

Dicho esto, deberás reconocer la ventajosa posición en que te encuentras el día de hoy frente a lo que viene que no sólo te va a permitir construir para ti y los tuyos un extraordinario futuro, sino que también te pone en una situación de guía, orientador o líder, desde la que podrás ayudar a muchas personas a construir también vidas extraordinarios para ellos, haciendo suyas en menos tiempo, las ventajas que tu has adquirido con los años.

Piérdele el Miedo a la Tecnología
La tecnología actual en estricto rigor no es muy diferente de

lo que fue la tecnología de antaño… No quiero confundirte, me refiero a que la tecnología siempre ha sido algo digamos un tanto "elevado", curioso, a ratos incomprensible, pero definitivamente muy útil.

Debes entender que vale la pena aprovecharla, hay infinidad de ejemplos de tecnología sin las cuales nuestras vidas serían o habrían sido seguramente muy difíciles, es el caso de la electricidad, la ampolleta, el teléfono, la televisión, la calculadora, los casetes, el fax, etc., etc., etc.

Todas esas manifestaciones de la tecnología simplemente las usaste o le pediste a alguien que te ayudara a usarlas, muy seguramente nunca te preocupaste mucho por saber cómo es que se produce la electricidad y cómo se distribuye… simplemente enchufaste el televisor y te pusiste a ver una película o las noticias…

Cuando se oscurecía estoy seguro de que no te preguntabas cómo ocurría esto de apretar un interruptor y que se iluminara la habitación, simplemente apretabas el interruptor y tenías luz para seguir escribiendo, leyendo, dibujando o cenando.

Cuando tenías que hablar con alguien por teléfono, ocurrió lo mismo, no intentaste nunca entender cómo es que la voz podía ir a través de un cable hasta otra casa, ciudad o país, simplemente discabas el número, se establecía la comunicación y comenzabas a hablar con tu interlocutor.

Te acordarás del enorme impacto que produjo la invención de la máquina de fax, una máquina que era capaz de "transportar" un documento desde una oficina a otra, sea que estuviera en la misma ciudad o en otro país, parecía magia. Costaba entender cómo esto podía ocurrir, pero seguramente usaste una y te beneficiaste de sus capacidades, sin importar si entendías cómo se producía este fenómeno, simplemente sabías que existía, sabías lo que podía hacer y la usaste o te serviste de ella... punto.

Siempre ha sido así con la tecnología, y hoy no es muy distinto de eso, lo que ocurre es que como dijimos, los cambios han sido tantos, tan impactantes y en algunos casos tan radicales, que nos abruman... pero sigue siendo tecnología creada por el hombre y para servir al hombre... nada más que eso...

Dicho en términos sencillos, la tecnología ha sido creada para **SERVIRNOS...**

No para someternos y mucho menos para complicarnos la vida.

No dejes que la tecnología sea un obstáculo en tu emprendimiento, **lo valioso son tus ideas, tu experiencia, tu sabiduría, tus ganas de avanzar, tu creatividad...** la tecnología la puedes comprar en diferentes formatos y utilizarla para construir tu futuro y tu negocio, al igual que haces con la electricidad, con la ampolleta, con el teléfono, con el fax, etc.

No tienes que convertirte en un gurú de la tecnología, sólo tienes que saber que existe, entender básicamente para qué sirve, y luego usarla o hacer que alguien te ayude a usarla para el desarrollo de tu negocio y para construir ese extraordinario futuro del que hemos venido hablando.

Descubre lo Mucho que Tienes para Enseñar y Compartir

Ya descubriste que sí tienes ventajas y que a la tecnología no tienes por qué temerle... ahora es el momento de ordenar tus ideas, y validar tus conocimientos y experiencia.

Ya puedes despreocuparte de eso que seguramente te preocupaba; ya sabes que tienes unas ventajas muy importantes que te ponen por delante de muchos que no saben qué ni cómo hacer para construir su futuro; y también sabes que la tecnología no sólo no es un obstáculo, sino que será una herramienta muy útil para que puedas avanzar en la construcción de un extraordinario futuro para ti y los tuyos.

Ahora te invito a tomar acción… vamos… manos a la obra…

Descubre los valores que mueven y rigen tu existencia, esto siempre está alineado con tu pasión, con las cosas que te gusta hacer y que las disfrutas mucho. Es fundamental que descubras tus Por Qué, estos serán las razones por las que harás todo cuanto tengas que hacer **para alcanzar tu sueño de construir un futuro extraordinario.**

▪ **Rodéate de gente positiva y apasionada,** la pasión es una energía contagiosa, pero cuidado, el pesimismo también lo es. Busca en ese ambiente buenas ideas, pregunta, comparte, indaga, explora, entérate de los que otros están haciendo para ser mejores, pero mantén los filtros activos, **no dejes que la "basura" te contamine.**

▪ **Actúa a pesar del miedo,** tener miedo es totalmente normal, sin embargo, la clave está en dominarlo para no permitir que nos paralice. Se necesita valor para dejar de culpar al mundo, a las circunstancias, a la economía, al gobierno, o a otras personas por lo que nos pasa… **Hay que tomar el control de nuestras vidas, asumiendo el 100 por ciento de la responsabilidad sobre nuestros hombros.**

■ **Hazte las preguntas correctas,** es muy importante, hay que trabajarlo y aprender a hacerlo, "desdóblate" y conviértete en un entrevistador que te entrevistara a ti, y que buscará en lo más profundo de tu ser las respuestas que necesitas para salir de tu zona de confort y avanzar hacia un futuro extraordinario. Tú eres el único que puede encontrar tu pasión y descubrir tus dones y talentos. **Hazte preguntas desafiantes para averiguar qué te "enciende", qué hace que vibre todo tu ser, te dejo algunas ideas…**

¿En qué soy bueno o buena? ¿Cuáles son mis dones y mis talentos?

¿Qué me emociona? ¿Qué me hace más feliz?

¿Con qué profesión o actividad sueño?

¿Por qué cosas la gente suele agradecerme?

¿Qué personas me inspiran? ¿Por qué?

¿Qué haría si supiera que no voy a fallar?

¿Cómo quisiera que me recordaran? ¿Qué huella quisiera dejar en el mundo?

¿En qué mis amigos me suelen decir que soy buena o bueno, o qué debería estar haciendo para ganarme la vida?

Realiza no una… sino varias "tormentas de ideas" o "brainstorming" con el propósito de ir ordenando las cosas y descubriendo por dónde vas a comenzar a investigar, explorar y generar contenidos para darte a conocer.

También deberás investigar y definir en qué industria, negocio o mercado, o mejor dicho, en qué nicho de mercado comenzarás a incursionar para monetizar allí las ideas que has previamente desarrollado.

Encuentra tu Nicho de Mercado y Desarrolla una Estrategia
Ahora que ya sabes qué te apasiona y que también sabes que esa pasión está alineada con tus valores de vida, y ya tienes claro qué te gustaría enseñar o compartir con otras personas, debes encontrar a esas personas…

Tienes que saber que las personas actúan y deciden en sus vidas en virtud de ciertos estímulos muy básicos; **todo el mundo se mueve hacia el placer o la satisfacción, y huye del dolor o de lo que le produce temor o incomodidad;** de hecho las personas actúan mucho más por huir del dolor que por alcanzar el placer.

Conversa con diferentes personas que tú creas que son tus potenciales clientes, o eventuales interesados en lo que piensas ofrecer al mercado, pregúntales cosas que te permitan saber si realmente eso que tu estás pensando ofrecerles, les resuelve algún o algunos de sus problemas, investiga por medio de dichas preguntas tipo encuestas si lo que estás pensando crear como negocio resuelve los "dolores", miedos o insatisfacciones de esas personas.

Esto que te voy a decir vale oro y es así como se generan los negocios exitosos actualmente en esta era de la información:

Tu labor más importante será la de entender con total claridad **Quién es tu Cliente Ideal y Qué es lo que él más necesita**, o lo que más le aflige para que tu puedas enfocar tu propuesta en la dirección correcta. En esta era es así como se hacen las cosas, primero averiguamos lo que el cliente quiere o necesita y luego nosotros se lo damos.

Para esto, te voy a recomendar que uses una herramienta gráfica que creó una consultora que se llama XPLANE y que te guiará con las preguntas correctas que debes hacerte para construir lo que se llama un **Mapa De Empatía de tu cliente ideal**, el que te permitirá entender cabalmente quién es y qué necesita (te dejo más abajo una imagen de dicho mapa).

Con esta valiosa herramienta entenderás Qué Piensa y Siente tu cliente ideal, Qué Ve y Qué Oye, Qué Dice y Qué Hace, también Cuáles son sus Miedos y Frustraciones, y por último Cuáles son sus Deseos/Necesidades y su Medida del Éxito.

Cuando sabes todo eso de tu cliente ideal, lo conoces tan bien, que sabrás QUÉ Y CÓMO OFRECERLE LO QUE ESTARÁ TOTALMENTE DISPUESTO A COMPRAR.

Herramienta diseñada por XPLANE

Ahora sería útil que hicieras una investigación de mercado que te muestre si realmente habrá demanda para tu producto en el nicho que has elegido.

Existen varias herramientas en Internet que te podrán ayudar a hacer una investigación que te permita saber si tus ideas de negocio tendrán o no acogida en el mercado. Una gratuita y muy buena es del gigante Google y la puedes encontrar escribiendo en el buscador de Google lo siguiente:

"herramienta de palabras clave", verás lo que aparece en la imagen de abajo:

Herramienta de palabras clave - Google Adwords
https://adwords.google.es/o/Targeting/Explorer?__u...c...IDEAS
No se dispone de una descripción de este resultado debido a robots.txt. Más información.

le das clic e irás a parar a una página en que verás lo que aparece en la imagen de abajo:

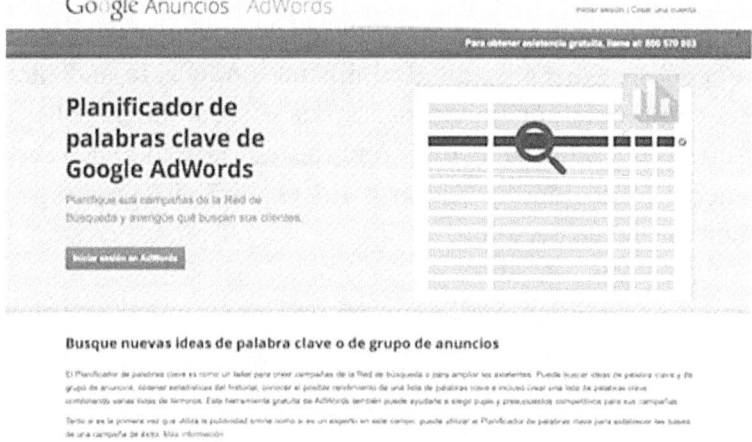

No voy a entrar en detalles de cómo se ocupa esta herramienta, ya que hay varios videos en YouTube que te muestran cómo hacerlo, simplemente en el buscador de YouTube busca "Cómo usar el planificador de palabras clave de google adwords".

No obstante, antes de investigar palabras claves, lo cual por cierto **puedes contratarlo si no sabes o no quieres hacerlo tú**, te sugiero insistentemente que trabajes en construir detalladamente el Mapa de Empatía que te mostré y busques conversar con la mayor cantidad de personas que calcen con el perfil de tu cliente ideal, esto será muy enriquecedor y te dará mucha confianza si vas por el camino correcto, pero también te ayudará a enmendar el rumbo si es necesario.

Encontrado el nicho de mercado, habrá que definir una estrategia apropiada a ese nicho. Obviamente que cada nicho requerirá de una estrategia que le sea afín a las personas que lo componen. Esto es Sociabilizar una Idea o Producto correctamente en el nicho de mercado.

Esto que puede parecer de perogrullo es importante entenderlo y actuar consecuentemente, ya que por ejemplo si estás en un país donde whatsapp no lo usa nadie, no debieras basar tus campañas en dicho medio. Del mismo modo, si tu audiencia está compuesta por no videntes, sería absurdo intentar llegar a ellos por medio de textos y reportes escritos, lo lógico sería generar contenidos en audios o videos para relacionarse con dicho grupo de personas.

Te aconsejo que las primeras veces que tengas que diseñar una estrategia para llevar al mercado tus productos, te hagas asesorar por algún consultor que tenga el conocimiento y la experiencia, para que por una parte puedas asegurar resultados y también puedas aprender viendo a un experto hacerlo, así en el futuro tendrás una base más sólida para aventurarte tú en el diseño de tus estrategias y seguramente lo podrás hacer exitosamente.

Transfórmate en el Factor de Cambio en las Vidas de Muchos que También Están Buscando el Qué y el Cómo

Sé que te puede estar pareciendo una tarea dura… pero imagínate si tuvieras el poder de pasar por encima del proceso que te parece duro, y pudieras ir directamente al suceso de convertirte en el Factor de Cambio, cuando ya estás ahí y has sido de ayuda a muchísimas personas… ¿Cómo te sientes? ¿Qué sientes?

Las cosas buenas son así, no te puedes saltar el proceso para ir directo al suceso, la cosa es paso a paso.

Por lo demás es en el proceso, a través del cual vas a aprender todo lo necesario para lo que te voy a plantear al final de este capítulo: **Hay que repetir el proceso una y otra vez para crear Múltiples Fuentes de Ingresos.**

Este aprendizaje que te llevará a ser quien ayude a muchas personas que están entrampadas en aquello en lo que tú les mostrarás una solución, es sumamente enriquecedor para ti, ya que te afianzará como experto y te dará confianza para asumir la visibilidad que irás poco a poco adquiriendo frente a tu nicho de mercado.

Al final del día, el hecho de que la gente te siga, confíe en ti, en tus conocimientos, experiencia y consejos, consuma tus productos porque realmente les sirven y los recomiende a otras personas, será lo que te va a permitir construir tus ingresos y ese extraordinario futuro del que hemos venido hablando.

Tu tarea será transformarte en el Factor de Cambio en las vidas de muchos y hacerte no sólo un árbol grande que dé buena sombra a quienes la necesiten, sino que EN EL ÁRBOL

MÁS VISIBLE, a partir de lo cual habrás pavimentado la primera etapa de tu camino al éxito.

Ahora Sólo te resta Repetir el Proceso

y Crear Múltiples Fuentes de Ingresos

Ahora que ya sabes muchas cosas que antes de leer este capítulo probablemente desconocías, estás listo para repetir el proceso y vivir el suceso muchas veces, construyendo así Múltiples Fuentes de Ingreso.

Hagamos una recapitulación:

Ahora ya sabes Por qué es imperioso Emprender después de los 50.

También sabes que cuentas con enormes ventajas para construir tu futuro en base a monetizar por medio de Internet toda tu experiencia, conocimientos y sabiduría.

Estoy seguro de que entendiste que la tecnología no es para temerle sino que para servirse de ella.

A estas alturas seguramente ya tendrás tu cabeza dando muchas vueltas porque has descubierto que tienes dentro de ti una enormidad de contenidos muy interesantes para crear no uno, sino varios productos que podrás vender a muchos que necesitan esas soluciones y que estarían dispuestos a pagar por ellas.

Ya sabes la importancia de identificar nichos de mercado y crear estrategias apropiadas para cada uno de ellos de manera particular, asegurando así el éxito de tus productos.

Y ciertamente, ya habrás saboreado la idea de trascender, de convertirte en el factor de cambio en la vida de muchas personas, y entenderás que más allá del dinero que podrás ganar y del maravilloso futuro que podrás construir, habrás logrado algo con que muchos seres humanos sueñan toda su vida pero tristemente no logran, generalmente porque no encuentran las maneras que tu ya has aprendido para **TRASCENDER**, para **DEJAR UN LEGADO**, para inscribirte por lo hecho a favor de muchos entre **LOS QUE AYUDARON A CONSTRUIR UN MUNDO MEJOR.**

Te lo vuelvo a decir...

Ahora sólo te resta repetir el proceso y crear **Múltiples Fuentes de Ingresos Pasivos** para construir un extraordinario futuro par ti y los tuyos.

Para terminar, te quiero dejar algunas citas de uno de los más grandes maestros del crecimiento personal, como un regalo para ti y un homenaje a mi mentor Jim Rohn, con quien tuve el privilegio de compartir inolvidables momentos.

"Más importante que el dinero que ganes con tu negocio, es la persona en la que te conviertes en el proceso. El mayor valor en la vida no es lo que obtienes. El mayor valor en la vida es el tipo de persona en el que te conviertes".

"Aprende a ser feliz con lo que tienes, mientras persigues lo que quieres".

"Define el objetivo de ser millonario, no por el dinero sino por la persona en que tendrás que convertirte para lograrlo".

Jim Rohn.

Lecciones de Vida para Emprendedores

Un paso a paso para lograr tus metas a la velocidad del sonido

Por Marianela Vallejo
fundacionmarianela2013@gmail.com

¿ES POSIBLE ALCANZAR LO QUE TE PROPONES EN UN ABRIR Y CERRAR DE OJOS?

Plasmar tus logros a la velocidad de la luz y aún oírlos a la del sonido, sí que es posible. Te habrás preguntado, quizás en innumerables ocasiones ¿cómo fuese factible que aquella idea genial, esa que en las noches te embarga y arrulla tus sueños, aquella idea, por lo demás bien conocida por ti, e incluso por tu círculo más cercano, pudiera traspasar barreras locales, nacionales y hasta llegar a lo internacional?

¿Cómo lograr que ese anhelo tuyo único e insustituible, como los son tus huellas dactilares, pudiera expandirse dejando tu sello personal, como singular e irrepetible que también es, en otros cielos y en otros mares?

Muchas llanuras y altiplanicies he recorrido, te aseguro que tantas como tú, muchas escarpadas y también otras, que quizás por la densidad de su paisaje impiden ver el horizonte. Unas y otras, de alguna manera han estado cargadas de lecciones de vida, unas más ricas que otras, todas con múltiples colores y matices.

127

¿Cuántos percibes? Tantos cuánto tu alma esté presta a detenerse en los valles y montañas recorridos, en los pliegues que impregnan el aire que respiras y la historia que ha bosquejado tu quehacer, tus días, tu devenir. ¿Cómo las registraste, cuánto las reconociste y te las apropiaste? ¿Y cuánto en ellas has logrado ver para tomar la fuerza vital de tus ancestros, cual valioso legado, que impulsa tu quehacer? Todas esas dádivas están dentro de ti, como alimento a tu ser, a tu discurrir y al emprendimiento que acompaña tus logros.

Con la vida, el don más grande que nos ha sido regalado, nos fueron también entregadas infinitas posibilidades de riquezas incalculables, que quizás hayamos ya, empezado a registrar algunas, u otras tal vez no. O a lo mejor otras, nos conducen a ese mundo vasto de inagotables probabilidades, con puertas insondables, cuya diversidad de senderos a explorar, se tornan en laberintos de múltiples caminos e inimaginables salidas.

Acariciar al título de este libro **EL CORAJE DE EMPRENDER**, nos convoca a hacer acopio de nuestro arrojo, esfuerzo y disciplina, conjugándolos con nuestra osadía; pero, sobre todo, aunándolos en nuestro corazón, en nuestra mente y en nuestro espíritu.

Así que estamos frente a una decisión, que impulsada por el sentir del corazón, convoca al espíritu que nos contiene y que todos en nuestra esencia albergamos, para que a su servicio aunemos conocimientos y destrezas, a más de lo que el ser emprendedor nos exige.

Desde mi experiencia personal y profesional, me permito describir, en esas líneas, los pasos o etapas que he descubierto como fundamentales y valiosos para recorrer el camino que en estas páginas he bosquejado, y que de seguro ya quieres emprender.

Quiero acompañarte a ti, a tu mente y a tu corazón en este camino, para develarte secretos, que me permito comentarte. De tal manera que puedas sumarte a todos aquellos a quienes estamos invitando a engrosar las filas de los emprendedores, que apuestan, para que su luz llegue cada día a más y más lugares, destacándose en el área en la cual se ha marcado tu discurrir, o te ha correspondido desempeñarte.

Como bien nos lo dice su etimología francesa **"entrepreneur"** se refiere a quien lleva a término un nuevo proyecto. Pensar en un emprendedor exitoso evoca en nuestra mente a una persona curiosa e innovadora, dispuesta a pagar el precio que implica abrirse a nuevos retos y paradigmas. Persona que contempla el riesgo como parte de la vida y cuenta con el recurso de haber desarrollado la capacidad de convertir las dificultades en oportunidades y posibilidades de aprendizajes. También convoca la imagen de alguien que instrumenta y ejecuta soluciones, con especial sensibilidad, para aprovechar las circunstancias que su camino le brinda, a más de albergar proyectos de vida que den más vida a sus días y más días a su vida.

TODO INFLUYE EN TODO

Es ya bien conocido por muchos, que dentro de este nuevo paradigma en el que nos estamos desenvolviendo, en la actual etapa de evolución de la conciencia, cada factor o elemento que cuenta para el logro de lo que se busca, está influyendo en el siguiente en forma determinante, a la vez que recibiendo de aquel, influencias diversas, que a su vez lo determinan. Es lo que bien se denomina interactividad y que caracteriza y marca la época de una nueva y más amplia conciencia. Es la incidencia de la causalidad circular más que de la lineal, es decir, de la mecánica cuántica, como interactiva que es, más que de la física clásica lineal newtoniana.

La lectura conjunta del grupo de elementos que impulsan el emprendimiento, desborda las comprensiones de la física clásica, en la cual la causa era predeterminante del efecto, casi como ecuación precisa y medible, dentro de una correlación matemática determinada y marcada por el determinismo.

Dentro de este nuevo paradigma de la física moderna, la multiplicidad de factores como imbricados que están en tiempos y espacios que conjugan pasado, futuro y presente, con especial particularidad; entretejen un caleidoscopio perceptual, en el cual el todo y su resultado final, es mucho más que la sumatoria de sus partes. En tanto incluye la interrelación de sus elementos, es decir:

En tanto genera un entramado relacional, lo torna único e irrepetible, cual trazo digital singular y jamás renovable, y más aún en el mundo de infinitas posibilidades en el que hoy nos desempeñamos. Es justamente esa riqueza y diversidad relacional las que imprimen el sello que, para cada quien, un especial emprendimiento o logro, emerge dentro de su propio mundo de probabilidades.

En este sentido y bajo esta óptica se torna necesario que cada emprendedor que forjándose está, aquilate al máximo cada uno de los factores que integran ese entretejido vincular. En forma tal que, su anhelado logro, lleve la marca que un día con prístinos detalles soñó y con transformadora creatividad, en el aquí y ahora ha querido y anhelado plasmar.1.

Varios son los factores cuya danza concurre en el logro que buscamos.   Cuatro son los que fundamentalmente contemplamos en este entrelazado de multidiversidades:

----

1. El cambio cuántico. Cómo el nuevo paradigma científico puede transformar la sociedad. Ervin Laszlo. Ed. Kairos. 2010.

1. LA VISIÓN.

2. EL FOCO.

3. LA RECONCILIACIÓN CON LOS PADRES Y CON LOS ANCESTROS, y

4. LA ARMONÍA VINCULAR.

1. Una VISIÓN que contenga la expresión de la propia Misión y a su vez, esta, el sumatorio de la profesión o el quehacer y la vocación, podrá convertirse en columna sólida de apoyo y real sostén; a la vez que en manojo que impulse un motor de acción hacia una clara visión.

El emprendedor como soñador que es, experimenta que su objetivo es claro y aun cuando pareciese complicado alcanzar, lo percibe factible y cercano, en forma tal, que fomenta su creatividad para dar rienda suelta a sus ideas, y formular una visión innovadora. Desde esta visión procesa el sueño deseado, permite que su imaginación creadora vuele y bosqueje imágenes de sus metas. Trabaja duro para hacerlo realidad, y en su caminar disfruta del sendero recorrido, con lo cual atiza más, el fuego que alimenta su motivación.2.

Una clara visión permite comprender las metas a largo plazo, enfocada en el objetivo final, como si estuviera blindado frente a los avatares del exterior. Convoca un permanente esfuerzo para alcanzar la meta, sin importar las barreras que encuentre.

Una visión diáfana impulsa el compromiso con proyectos a largo plazo sin importar la cuota de sacrificio que estos exigen, así sean largas jornadas para llegar a la cúspide del éxito y para esto se despliegan grandes niveles de energía, que en su reservorio están.

2. EL FOCO apunta a un objetivo claro, conciso y preciso que no solo alimenta la meta final, sino también las metas a mediano y corto plazo. En un abanico de destrezas, intereses, disciplina y arrojo, que apuntan en la misma dirección.

Justamente respecto al logro y al emprendimiento que nos proponemos y que en el interior de nosotros mismos, impulsa el foco de nuestra atención y percepción, se torna efecto del proceso relacional primario, a la vez que puede modificar su origen.

----

2. REALIZANDO NUESTROS SUEÑOS. Experiencias colombianas en Pedagogía Sistémica. Marianela Vallejo Valencia y otros. Ed. Cudec, 2011.

Esto se refiere al primer vínculo con quienes nos dieron la vida, nuestros padres, de haberlos tomado en su totalidad, en los aspectos considerados como buenos y en aquellos considerados menos buenos. En forma tal que en la madre primen sus aspectos protectores y continentes y, en el padre fundamentalmente su función de guía y de diferenciador perceptual, respecto al camino que en nuestra búsqueda concierta con lo correspondiente, es decir, el camino que aún no conocido conscientemente, marca nuestro derrotero y alinea nuestro quehacer.

3. La RECONCILIACIÓN CON LOS PADRES Y CON LOS ANCESTROS, es otro factor definitivo. Este aspecto es estructurante, a más de trascendente en cuanto permite que aflore el **AMOR**, elemento vital para encontrar allanado el camino por recorrer. Olvidamos con frecuencia que todo lo constructivo es una manifestación del **AMOR**, como fuerza creativa: lo que emprendemos está impulsado por el **AMOR**, lo que imaginamos para plasmar en nuestro cotidiano está impulsado por el AMOR y facilitado por el **ORDEN**.

¡Sí! La cuestión va más allá del amor, ahora bien sabemos que el amor no basta. Aquellos sueños sí logrados, están impulsado por el **AMOR** y guiados por el **ORDEN**. Esta dupla, magistralmente descrita en los llamados **ÓRDENES DEL AMOR** del filósofo, teólogo y pedagogo alemán Bert Hellinger, marca el rumbo en este proceso de reconciliación, piedra angular hacia el emprendimiento. 3.

Son estos Órdenes, sistematizados por Hellinger, en su planteamiento de Constelaciones Familiares, y tomados de su observación acerca de la naturaleza de la vida, los que enmarcan este escrito, como brújula que nos muestra el sendero para alcanzar lo propuesto y como faro que ilumina el camino para esquivar los guijarros y los obstáculos a salvar, con miras a conseguir el objetivo, que como emprendedores nos hemos propuesto.

Y muy seguramente que en este punto se refleja la necesidad del verdadero **CORAJE**.

----

3. CONSTELACIONES FAMILIARES. Para liberar la energía del amor y de la vida.- Bogotá, Aguilar- IV-2008- Marianela Vallejo Valencia y otro.

PARA EMPRENDER. Llamarlo el camino del guerrero, a mi entender, es una muy apropiada acepción. A continuación los mencionamos. **PERTENECER** e incluir para-completar, en lugar de excluir para discriminar, **RESPETAR** el orden de llegada, a más de sus derivados en el **ORDEN JERÁRQUICO**, y encontrar el equilibrio entre lo que recibimos, tomamos y damos, marcan pautas claras y sabias para tener más claridad, visión, misión y foco; fuerza e impulso de vida, para conseguir también el apoyo y sostén de las generaciones anteriores y sobre todo un **PARA-QUÉ** como guía hacia la trascendencia, alineándonos con nuestro cuerpo, mente y alma.

Así como con nuestras realizaciones humanas, desde el tener, el sentir, el saber y el comprender, para llegar al SER. De todo lo anterior, especialmente con lo tratado en el tercer punto y que más adelante lo describiremos en extenso, se ensarta el último rubro respecto a la ARMONÍA VINCULAR.

4. 1. LA ARMONÍA VINCULAR y LOS ÓRDENES DEL AMOR

Esta armonía es consecuencia del orden de los tres principios anteriormente nombrados. Este orden permite un constructivo y fluido inter-juego entre ellos. El primer punto es incluir a todos aquellos a quienes pertenecemos y quienes nos pertenecen, ya que excluir, aún a aquellos de quienes ni conocíamos su existencia, genera agujeros en la red que nos contiene y por dichos agujeros se escurre la energía que impulsa el poder que permite las soñadas realizaciones.

Felizmente estos agujeros se pueden volver a zurcir para cerrar, al reconocer y ampliar la conciencia que alcance a incluir a quienes antes estaban en el círculo externo de la exclusión, y al guardarlos en nuestro corazón asumiendo las adversidades y dificultades y que pudieron atravesar para que la vida llegara hasta nosotros. Este antídoto, aparentemente elemental y sencillo, sella y garantiza la energía del amor, que convoca la unidad de nuestro ser, de nuestra esencia, para reforzar el impulso que con paso firme y orientado va hacia el logro de nuestros anhelos, al habernos permitido completar los vacíos de la red familiar, generados por las lesiones de las exclusiones.

Completos los lugares con los incluidos, también recuperamos el orden de la jerarquía, puesto que los lugares que se habían ocupado sin que fuesen los correspondientes, alteraban, y quizás hasta sin habernos dado cuenta el orden jerárquico, vacíos de un claro registro consciente. En efecto, si por ejemplo, uno de nosotros por cualquier razón, nos hubiésemos deslizado al lugar de la madre, ya que por razón alguna ella no estuviera presente físicamente o no hubiese estado disponible emocionalmente, estaríamos ocupando su lugar y a más de alterar el orden jerárquico, jugando en el sistema a ocupar un lugar que por añoranza de su presencia, y por un amor infantil, nos creíamos en la obligación de cubrir, desde luego equivocadamente, ejerciendo de alguna manera una compensación falsa y generando una alteración en el orden de jerarquía. Con estos dos órdenes alterados necesariamente se afecta el tercero. **El del EQUILIBRIO ENTRE EL DAR Y EL RECIBIR.**

Este principio tiene abecedarios claros y precisos si las relaciones son simétricas, por ejemplo entre los amigos, socios, o entre los miembros de una pareja, también entre hermanos, en los que surgen pequeñas diferencias según el lugar que ocupan dentro del grupo familiar, funcionan en igualdad de circunstancias o dentro de una compensación equitativa. Si las relaciones son asimétricas, como entre padres e hijos, subalternos y jefes, alumnos y docentes el equilibrio es dinámico y conforme es la relación, también este se torna asimétrico, en tanto el mayor fundamentalmente da y el menor básicamente recibe.

Desde luego, que en la situación que anteriormente se ejemplificó, al estar ocupando un lugar no correspondiente, tendría que abrazar un dar y recibir desde una situación asimétrica, por ejemplo frente a los hermanos, cuando realmente frente a ellos, solamente seríamos uno más del grupo, dentro de una relación completamente simétrica, lo cual necesariamente alteraría este tercer orden, con las nefastas consecuencias de pérdida de la energía vital, y por consiguiente del motor que impulsara la capacidad de emprendimiento.

La consecuencia de este desorden y de todos los referidos a los tres principios, son el obnubilamiento del amor, y la aparición de los roces relacionales, desdibujando la claridad de las metas, y la fuerza que impulsa el logro, por nombrar los más evidentes y quizás más manejables. Esta alteración implica también una perturbación en nuestra vida, y en general en nuestro destino, que por dichas y nefastas consecuencias, podría tornarse más complejo, denso de descifrar, y desde luego de mayor impacto en nuestra propia felicidad y en el libre fluir de nuestro discurrir vital.

Por el contrario, el inter-juego armónico de estos principios tiene que ver con un terreno abonado para el emprendimiento. En tal forma que las habilidades y capacidades de una mente emprendedora tienen que ver tanto con la inteligencia y con los dones que hemos heredado genética y transgeneracionalmente, como con la implementación de los tres Órdenes del Amor, en cuanto su resonancia vincular permite que se evidencien determinadas características, relacionadas con el emprendimiento. Estas a continuación queremos destacar:

El respeto por la jerarquía que permite desarrollar la capacidad de liderazgo, el oficio de empresario, la organización y gestión de personal, la autonomía e independencia, la adaptabilidad derivada de la confianza y seguridad personal que a su vez determina la iniciativa y la capacidad para tomar riesgos, desde luego nos referimos al riesgo responsable, al riesgo que contempla y asume las consecuencias y mide las oportunidades; se convierte en semilla que impulsa las cualidades de un emprendedor.

El claro sentido de pertenencia que facilita las relaciones, la capacidad de crear equipos, de coordinar y de delegar, la capacidad de persuasión y la comunicabilidad de cuya claridad depende entre otros aspectos la clara comprensión de las metas y de las órdenes. A más de tornarse en plataforma incuestionable para el desarrollo de la confianza y lo relacional. Del sentido de pertenencia se deriva que el apoyo con otros es fundamental para el éxito del emprendedor. De allí surge la co-creación, punto de origen del ganar-ganar en el intercambio sano del mundo de los negocios, que impera en el nuevo paradigma.

Tomar plenamente a los padres, consecuencia del inter-juego de los tres Órdenes del Amor permite generar una visión a largo plazo, puesto que anclados en el presente y habiendo reconocido, honrado y liberado el pasado, al transformarlo en fuerza de vida, se abre el camino para anticipar un futuro lleno de luz y esperanza. En consecuencia aparece también la capacidad de superar aquello en lo que hemos fallado, aprendiendo de esa experiencia, hacia la mejor versión que de la circunstancia podamos lograr en la búsqueda de la excelencia. Dentro de esta nueva visión cuando la realidad es dura puede estar matizada por la confianza para comprender que el llamado fracaso es parte del éxito, si es transmutado en oportunidad de aprendizaje.

De este inter-juego se desprende también el desarrollo de la capacidad de auto gestión, de liderazgo, desarrollo de la habilidad innovadora, comunicadora, creativa e imaginativa, a más del actuar de manera planificada. También depende de esta interacción la capacidad de tomar la vida y con ella la de explorar nuevas oportunidades, a más de la orientación al beneficio económico, con respeto por el dinero y la capacidad de manejarlo con responsabilidad, prudencia y visión del futuro.

Todo esto en una búsqueda perseverante que dispuesta al objetivo buscado, lo dota de persistencia en la solución de problemas. De tal forma que se torna conducente hacia la decisión para conseguir y fijar metas vislumbradas intuitivamente, para abrazarlas con compromiso y flexibilidad.

La flexibilidad permite ver oportunidades donde otros ven problemas, y permite reconocer que lo único continuo es el cambio, por ello la cualidad para abrirse a nuevas informaciones y a nuevos retos es fundamental. La incertidumbre está siempre presente y el riesgo es continuo. El cotidiano nos foguea permanentemente para salir de la zona de confort y enfrentarse a nuevos y desconocidos escenarios.

El sentido del humor, derivado también de la flexibilidad permea la capacidad de tolerar la ambigüedad, la tensión y la incertidumbre hacia la madurez emocional que ha limado la exigencia de perfección, la necesidad de estatus y poder y ha reforzado el sentido ético, la integridad, la fiabilidad y la capacidad de trabajo. Asumir el poder, sin exigirlo conduce a la responsabilidad en los resultados, en el proceso y a experienciar el deber más desde el disfrute que desde un peso inevitable.

A más de los Órdenes del Amor como prerrequisito esencial para tomar la fuerza de la vida y del amor que impulsan cualquiera acción de emprendimiento, es preciso enriquecer algunos temas respecto a la gratitud y la abundancia tanto como la comunicación y escucha inteligente; en forma tal que pueda generarse un marco referencial para la tan anhelada armonía vincular, elemento imprescindible en la consolidación del **CORAJE DE EMPRENDER.**

4.2. ARMONÍA VINCULAR: ORDEN, GRATITUD Y ABUNDANCIA

El Orden ya descrito es el precursor de la gratitud, como memoria del corazón que es. La gratitud como antecesora de la consciencia de abundancia, se convierten las dos en pilares de soporte y requisito incuestionable para el emprendimiento.

Todo acto para **EMPRENDER** exige e implica que tengamos la pantalla que resguarde nuestro impulso, el poder que apoye nuestro deseo y la persistencia que permita llegar a la meta del emprendimiento propuesto. Esta pantalla la llamamos **CONCIENCIA**, es decir, el darnos cuenta de lo que hacemos, de lo que queremos y sentimos. Y acto seguido exige e implica que desarrollemos **CONCIENCIA DE ABUNDANCIA** como fruto de la **GRATITUD** producto del entretejido del **ORDEN Y EL AMOR.** Conciencia de Abundancia, Gratitud, Orden y Amor se cristalizan en un hábito magno que nos permite darnos cuenta de cuántos y tantos tesoros nos fueron dados y nos acompañan.

Te estarás preguntando y ¿cómo puedo conseguirlo? Pues bien, más allá del cuidado y atención en el trasegar por los Órdenes del Amor, que gestan la Gratitud; haciéndote consciente de todo lo que tienes, de todo, todo, absolutamente de todo. De lo pródiga que la vida ha sido contigo. Y para ello solamente tienes que verlo, observarlo, y sentirlo como un activo, a más de escuchar, en tu mente, voces de tus seres significativos, refiriéndose a esas dádivas:

Tu vida, tus padres, tu pareja, tus hijos, tu quehacer, tus pertenencias. Y también de la luz del sol que con el amanecer de cada día te regala sus rayos para iluminar tu camino, de cada atardecer que con sus arreboles de colores propicia reflexión y balance de tu cotidiano quehacer, de cada noche que llena de estrellas, te invita a entregarte al anhelado y merecido descanso.

Darte cuenta de todo lo que es tuyo, como un activo y enfocarte en lo que tienes, pasando por encima de lo que no tienes, es la clave para abrir tu corazón a la esencia que tú mismo eres y que te corresponde: **LA ABUNDANCIA**. Continuar revisando cada día hasta crear el hábito de ver el **MÁS** aún en el **MENOS**.

Te estarás preguntando pero ¿será posible lograrlo? Desde luego que sí, muy probablemente te lo cuestionas o lo dudas porque los avatares de la vida, las frustraciones, los dolores y desilusiones, especialmente las separaciones que siempre los atajos del camino de la vida nos deparan, en especial durante los primeros meses de nuestro nacimiento, fueron nublando aquella esencia con la cual nacimos y que por siempre es y será nuestra.

Crear el hábito de percibir de nueva manera, ampliando la mirada, cambiando el foco de nuestra manera de ver permite que la conciencia de ser abundantes vuelva a florecer y que el deseo de serlo se materialice a todos los niveles.

Para esto es preciso retomar los **ÓRDENES del AMOR**, respecto a la **PERTENENCIA, a la JERARQUÍA y al EQUILIBRIO**, conducentes a reconocer la vida como don primordial recibido de nuestros padres. En forma tal y en consecuencia podemos tomarlos y guardarlos en nuestro corazón tal cual son, es decir, con lo que consideramos bueno y con lo que consideramos menos bueno. Este es el sendero que conduce a la **GRATITUD**, que como memoria del corazón que es, nos abre a la vida y al amor, para recibir más y más.

Obtendrás entonces las conexiones, los contactos y las oportunidades que requieres para lo que quieres emprender. **¡ESTOS ESTÁN POR TODOS LADOS!**

Las oportunidades para lograr lo que estás emprendiendo siempre existen y con la nueva capacidad de darte cuenta, ahora vas a empezar a percibirlas. Cuando cambies tu percepción, en términos de hacerte consciente de la riqueza, pudiendo ver tu diario vivir y lo que acontece con buenos ojos, y con lentes que afinados logran ver más allá de lo aparente; esto es, que aún en lo que llamamos negativo logres darte cuenta de las lecciones de vida que esos hechos contienen, o que están señalando la ruta que corresponde cambiar. Entonces todo: conexiones, contactos, progresos y logros, todo llegará y tendrás la abundancia que tanto has anhelado y de la cual requieres para tu emprendimiento.

4.3. LA ARMONÍA VINCULAR Y ESCUCHA INTELIGENTE

Escuchar es poner atención al otro y recibir el mensaje que quiere transmitirnos. Es generar una conexión que propicia gestar un vínculo. Es construir un encuentro que permita germinar los logros derivados de este enriquecedor y creativo sumatorio de intereses, miradas y anhelos. La escucha inteligente pretende entender y dar sentido, pero fundamentalmente y a partir de procesar el mensaje, orientar el quehacer hacia los objetivos propuestos.

Escuchar es dejarnos inundar por el mensaje del otro, expresado en su decir -sea verbal o para-verbal, es decir, todo aquello que acompaña las palabras: tono, expresiones, gestos o lenguaje corporal, conservando nuestra individualidad.

Es saber y sentir que podemos sumar diferencias para aunar criterios, y sentirnos uno sabiéndonos dos realidades que pueden bailar al unísono hacia el logro de intereses comunes.

Escuchar inteligentemente al otro o sabernos escuchar a nosotros mismos, es el camino que construye vías de co-creación, es el sendero que conduce a lo que queremos emprender. Es uno de los elementos que mayor impacto puede tener respecto del logro de objetivos, en lo que al emprendimiento se refiere. Revisar algunos comportamientos, puede apoyarte para mejorar tu habilidad de escuchar más inteligentemente y desarrollar escenarios de comunicación con tus semejantes y poder con ellos lograr importantes apoyos en tus emprendimientos.

A continuación encuentras una lista sugerida por Shai Rosen, experto en emprendimiento, desarrollo de productos y marketing online.

Rosen* en un conocido artículo, dice que más de un 60 por ciento de los problemas entre las personas de negocios se derivan de fallas en la comunicación. Presenta ocho preguntas al servicio de nuestra propia exploración:

- - - - - - - - -

Shai Rosen, Master en Ingeniería de Negocios y B.Sc en Ingeniería por la Universidad Adolfo Ibáñez.

- *¿Estás distraída/o cuando el cliente está hablando? ¿Estás pensando en otros asuntos o en qué vas a decir tan pronto tengas una oportunidad de interrumpir al cliente?*

- *¿Durante la conversación estás pendiente de una pausa que haga el cliente para poder hablar de todos tus conocimientos sobre el problema del cliente y como tu solución es la mejor opción que hay en el mercado?*

- *¿Es para ti imposible quedarte callada/o?*

- *¿Finges que escuchas al cliente, pero en el fondo estás esperando cualquier oportunidad para comenzar a hablar?*

- *¿Practicas la Escucha Selectiva, es decir, que solo escuchas aquello que solamente quieres oír?*

- *¿Estás pendiente del mensaje que tu interlocutor te está enviando además de las palabras que habla? Es decir, ¿estás pendiente del lenguaje corporal, expresión facial, contacto con los ojos y entonación vocal?*

- *¿Te distraes con elementos ambientales existentes en el espacio de la conversación como ruidos, otras personas?*

- *¿Aplicas "filtros" en el momento de escuchar? Al hablar de filtros el autor se refiere a aspectos como hacer juicios previos derivados del aspecto de la persona, de género, de experiencias pasadas, de edad y otros elementos que crean una barrera automática en la comunicación.*

Algunas valiosas recomendaciones, nos describe Rosen, que a continuación también encuentro interesantes y pertinentes describir:

- *Fomenta el Silencio, para demostrar que estás activamente escuchando. Trata de dejar la costumbre de esperar una breve pausa de tu interlocutor para comenzar a demostrar todo lo que sabes. La recomendación consiste en no demostrar ansias de hablar, haga una pausa antes de hablar, deje un espacio de 3 a 4 segundos en silencio antes de responder una pregunta o dar una opinión.*

- *Expresa con sinceridad y atención lo importante que es para ti lo que tu interlocutor está expresando. Haz estas pausas de forma consciente y tómate este tiempo para pensar en detalle cómo argumentarás tu respuesta u opinión.*

- *Nunca interrumpas a tu interlocutor mientras este se encuentre hablando. No utilices gestos de afirmación o negación, no menciones nada y menos interrumpir agresivamente lo que él / ella está diciendo.*

- *Estás siempre presente. Escucha de forma atenta, interesada y trata de eliminar cualquier "filtro" de los que hablamos anteriormente. No te concentres en lo que deberás decir después, solamente concéntrate en entender y escuchar en detalle lo que la persona está hablando. No te dejes distraer por elementos del ambiente. En lo posible, no te distraigas tomando notas.*

- *Haz que tu interlocutor se sienta Escuchado. Para lograr esto, trata de utilizar tácticas como resumir algunos elementos fundamentales de la conversación. Utiliza frases y conceptos expresados por tu interlocutor en el resumen o en las aclaraciones que realices. Reafirma en algunos momentos, sin interrumpir a tu cliente las necesidades y los elementos más importantes de la conversación. No te preocupes por ahora de dar soluciones en tus intervenciones, solamente focalízate en utilizar frases de aclaración y refuerzo de lo que has entendido.*

- *Conviértete en una persona que escucha orientada a soluciones. Esto quiere decir que de alguna manera tú debes guiar la conversación con preguntas y aclaraciones dirigidas a un objetivo claro que has establecido para su reunión.*

- *Escucha aquellos elementos que no se están diciendo. Identifica mensajes detrás de las palabras. Desarrolla preguntas para poder explorar más aquellos mensajes que no se dicen en palabras pero si en gestos y comportamientos del interlocutor. Concéntrate mucho en tu interlocutor para poder "escuchar" no solo lo que habla si no lo que está "diciendo" con su lenguaje corporal.*

- *Resiste la tentación de rebatir. Es parte del comportamiento humano el tratar de refutar o expresar su propia posición y pensamiento con relación a diversos temas o situaciones. Evita esto en las fases de entendimiento de las necesidades de tu cliente. Habrá otros espacios en el desarrollo del proceso de venta, no trates de refutar o expresar tus conceptos en esta fase.*

- *Escucha identificando Información. Esto quiere decir que debes aprender a extraer información de valor en lo que tu cliente está expresando. No es solo un ejercicio de escuchar las palabras y frases que tu cliente habla. Es extraer de lo que escuchas, información que te sirva para entender la situación del cliente, sus motivadores y los elementos que serán clave para su estrategia comercial. Una cosa es la forma como tú desarrollas una conversación y otra es la estrategia que empiezas a desarrollar, buscando información desde la primera entrevista con tu prospecto o cliente.*

El autor describe cuatro recomendaciones finales. También a mi juicio, importantes para amplificar la escucha inteligente:
- *Escucha para descubrir lo que no se dice en palabras, lo que está detrás de lo que el cliente dice.*

- *Escucha las preocupaciones del cliente y lo que es importante para él.*

- *Escucha cuáles son las cosas que son valiosas para el cliente.*

- *Escucha qué es lo que el cliente quiere y necesita para identificar cómo reducir la brecha existente entre lo que tiene y lo que desea tener.*

Desarrollar habilidades de escucha inteligente es la clave para generar y mantener un clima armónico respecto a los temas de emprendimiento.

REFLEXIONES FINALES

Si bien en las empresas son imprescindibles las máquinas, los métodos, procesos y procedimientos; es reconocido por todos que las empresas son creadas por personas y están compuestas fundamentalmente por ellas, en consecuencia nos referimos en estas páginas al desarrollo de las habilidades y cualidades que sustentan el **CORAJE DE EMPRENDER** y cómo la calidad del espíritu emprendedor marca la diferencia. Desde luego que más allá del conocimiento técnico, comprender el proceso de aquello que emprendemos, se torna en condición vital para el éxito de un emprendedor. Bien sabemos que las cualidades humanas exigen también conocimiento técnico y empresarial.

Resaltamos cuatro aspectos básicos, que a mi juicio y según mi experiencia personal y profesional, se conjugan para que pueda florecer el emprendedor que en todos habita y que pugna por manifestarse, son estos: **VISIÓN, FOCO, RECONCILIACIÓN CON LOS ANCESTROS Y ARMONÍA VINCULAR.**

Los principios del Orden y el Amor no solo propician la expansión de lo que somos, también apuntan al desarrollo de estos cuatros factores a más de reforzar nuestra capacidad de pensar, analizar, comprender, planear y la capacidad de resolución de problemas en un espiral de permanente crecimiento. También afinan el arte y la habilidad de vender, que como actitud de vida, inserta en nuestra creencias, sabemos que nuestras interrelaciones contienen una permanente negociación, a más del intercambio enriquecedor.

El equilibrio entre todos estos factores determina también el preciso balance entre el pensamiento estratégico y el quehacer táctico, aunados por el desarrollo de un espíritu emprendedor, que definitivamente marca la posibilidad de gestar nuestro destino con el **CORAJE DE EMPRENDER,** conducente al éxito.

Gestar nuestro destino dentro de esos lineamientos es abrazar la vida y con ella los dones que nos fueron dados, para alcanzar aquello que hemos anhelado y que nos proponemos plasmar. Es tener el coraje de abrir nuevos caminos mirando hacia un futuro lleno de esperanzas. Es soñar, encauzar, decidir, y actuar comprometidamente, y el deseo que despliega el alma y el espíritu sobre nuestro cotidiano discurrir. Es impregnar nuestra vida con la luz del día que descorre velos y con la penumbra del atardecer, que invita al contacto íntimo con nuestro SER EMPRENDEDOR.

Marianela Vallejo Valencia
• Psicóloga de la Universidad Javeriana, Santafé de Bogotá, 1968.

• Programa de Doctorado en CIENCIAS PSICOLÓGICAS, Universidad Libre de Bruselas, 1969-1971.

• Psicomotricidad y Aprendizaje en Centros Europeos: París, Bruselas, Barcelona.

• Formación Psicoanalítica de pareja, de familia y de grupos; Bogotá - Buenos Aires, 1990-1997.

• Maestría en Habilidades Directivas y Programación Neurolingüística 1998-2000.Bogotá-México.

• Constelaciones Familiares en Bogotá, 1995 a 2014, en Buenos Aires, México, España y Colombia.

• Constelaciones Organizacionales, en Chile, España y Colombia.

• Con entrenamiento en intervenciones alternativas transpersonales: Hipnoterapia, Vidas Pasadas. Renacimiento, Reiki, M.D.R., Pedagogía Sistémica. Liberación de la Memoria celular.- CMR - Sanación Emocional - Ejercicios Paula Iregui - Vortex Healing. Reconexión.

• Diplomado en Trauma. CORE Evolution, 2014.

• ICCI. Noviembre 2014, Tampa, USA.

¡Me Cansé de Trabajar!

Por **Jairo Antonio Forero**
info@jairoforero.com
www.facebook.com/jairoantonioforero

¿Ha calculado alguna vez qué porcentaje de su tiempo disponible en un año lo dedica a TRABAJAR?

Los cálculos y estudios generales indican que, si una persona labora 8 horas al día durante 5 días a la semana, está ocupando el 23,7 por ciento de su tiempo disponible en un año. Pero esto es utópico porque, en la mayoría de los casos, un adulto trabaja mucho más tiempo.

Existen empleados independientes que trabajan hasta 14 horas diarias durante 6 días a la semana, es decir, que ocupan el 49,8 por ciento de su tiempo disponible en un año. Si alguien en esa condición duerme 8 horas al día, entonces el 33,3 por ciento del tiempo disponible en un año lo dedica a dormir y sólo le queda el 16,9 por ciento del tiempo para compartir con su familia, leer, hacer deporte, orar o meditar, ir de compras, divertirse y estudiar, entre otras acciones.

En conclusión, una persona promedio dedica la mayor cantidad de su tiempo disponible a TRABAJAR.

Por lo tanto, es muy probable que en algún momento de la vida de esa persona, -que puede ser usted-, esté cansada de trabajar. Tal vez el cansancio se deba a que labora sólo para pagar deudas e intereses, o a que lo hace sin un propósito claro y definido. Quizá el agotamiento radique en que, por necesidad, trabaja en lo que no le gusta o junto a personas que no le agradan, sintiéndose estancado y, peor aún, sin la posibilidad de visualizar otras opciones laborales. Me refiero a TRABAJAR, ya sea como empleado, auto-empleado, networker, comerciante, negociante o empresario.

En este capítulo descubrirá que fuimos creados para mucho más que trabajar y, lo más importante, comprenderá que una cosa es TRABAJAR y otra muy diferente PRODUCIR. Esta ha sido una de las lecciones más importantes de mi vida. Mi condición personal, familiar, empresarial y financiera cambió radicalmente cuando la aprendí y estoy a punto de compartirla con usted.

Tal vez lleve varios años trabajando aquí y allá sin producir. Es posible que se encuentre cansado de hacerlo y anhele un cambio en su estilo de vida. Para eso necesitará el "Coraje de Emprender". ¡Sé que lo puede lograr! Es algo que le conviene a usted y a las personas que ama.

Mi papá fue gran empresario en la Casa de Banquetes Forero y mi mamá es comerciante de carnes, por lo que desde niño aprendí a emprender por medio del ejemplo de ellos. Estudié un Magíster en Economía Industrial y obtuve una certificación como Coach. Sin embargo, debo reconocer que durante varios años trabajé sin producir. Lo que le voy a enseñar, tuve que vivirlo primeramente.

Permítame compartirle mi propósito de vida y aquello en lo que creo, antes de transmitirle esta sencilla y poderosa lección.

Me considero una persona feliz, creativa e innovadora. Amo a Dios y a mi familia. He descubierto que mi propósito en la vida es ayudar a otros para que se levanten una mañana experimentando la paz de no tener deudas malas, de disfrutar de la vida, su familia y sus finanzas.

Creo que:

La primera empresa que debe prosperar es la familia.

Sí es posible vivir sin deudas malas.

No es la cantidad de dinero que se gana, sino la forma como se administra.

Con organización, trabajo en equipo en el hogar, cambiando ciertos hábitos y la ayuda de Dios, sí es posible administrar mejor para vivir mejor.

La prosperidad no se mide por lo que tenemos, se mide por lo que damos.

Las soluciones no están fuera de mí, se encuentran dentro de mí.

Actualmente tengo varias fuentes de ingresos y cuento 10 años de experiencia como entrenador financiero personal, familiar y empresarial. Le invito a conocer más detalles de mi perfil en: www.jairoforero.com, www.voyavivirmejor.com y en www.porfinlibrededeudas.com

TENGA EL CORAJE DE SER
UN EMPRENDEDOR ALTAMENTE PRODUCTIVO

La lección de dejar de trabajar y comenzar a producir la recibí hace algunos años estando en la finca de los padres de mi esposa, ubicada en Anolaima, una población de mi bendecido país, Colombia. Era un día sábado en la madrugada y estaba orando en medio de algunos árboles de naranja.

A pesar de que con mi esposa ya teníamos dos hijos, habíamos constituido la empresa Lord Word Ltda., dictaba conferencias para empresarios, trabajaba como docente universitario y tenía algunos emprendimientos en redes de mercadeo y propios, en ese momento de mi vida me sentía estancado. Hacía varias cosas, pero sin fruto. Experimentaba la frustración de mucho trabajo con poco o ningún resultado, y un sinnúmero de metas y sueños sin cumplir. Literalmente estaba ¡CANSADO DE TRABAJAR!

Una pregunta rondaba en mi cabeza en medio de la frustración: "Si me esfuerzo por hacer las cosas bien, ¿por qué no avanzo ni tengo los resultados que deseo?

Esa mañana le hice preguntas a Dios. No tuve respuestas por largo rato, hasta que empecé a saborear una dulce y jugosa naranja que había tomado de un árbol.

Mientras degustaba la fruta me puse en medio de dos árboles, y algo me llamó poderosamente la atención. Ambos árboles habían sido plantados el mismo día, los había cuidado la misma persona usando el mismo abono y en idénticas condiciones ambientales; sin embargo, noté que uno tenía 17 naranjas mientras que el otro tenía más del doble. ¿Por qué razón un árbol es más productivo que el otro? –me pregunté.

Un proverbio popular dice que "las comparaciones son odiosas", pero también tenemos que reconocer que, en ocasiones, son necesarias. Me identifiqué con el árbol de 17 naranjas y a varios familiares, amigos y excompañeros de la universidad los relacioné con el árbol más fructífero. La lección que transformó mi vida y sus resultados estaba a punto de comenzar.

Miré cada árbol de arriba abajo. Por un momento creí que el

menos fructífero tenía algún tipo de parásito que le impedía ser tan productivo como el otro, pero me di cuenta que ambos habían sido fumigados. Luego concentré mi atención en la base de uno de ellos y recordé las partes de un árbol. Pensé que la diferencia podría estar en la raíz. ¿La raíz de ambos será del mismo tamaño? ¿Recibirán los mismos nutrientes?

De esta manera comencé a analizar la relación entre la raíz del árbol, "lo que no se ve", con la cantidad de fruto, "lo que se ve". Quería arrancar los árboles y encontrar rápido las respuestas. De esta manera recordé una de las enseñanzas más prácticas que nos brinda la naturaleza: el cedro del Líbano.

EL CEDRO DEL LÍBANO

Asistí a una conferencia donde aprendí sobre este árbol emblemático de la bandera del Líbano que cuenta con ciertas particularidades que lo hacen muy especial. Una de ellas es su crecimiento lento en los primeros años pero, una vez cumplidos los 10, acelera dicho crecimiento y alcanza hasta 12 metros de espesor y más de 30 de altura. Por eso, el cedro del Líbano es símbolo de riqueza, productividad y equilibrio.

Para sostener firme su tronco tan inmenso, este árbol tiene raíces que se componen de poderosas ramificaciones. En pocas palabras, para lograr una gran altura y sostenerse en ella, se requieren raíces fuertes. Se dice que un cedro del Líbano de 20 metros de altura puede tener una raíz de, aproximadamente, 40 metros de profundidad. A mayor altura del árbol, más fuerte y profunda debe ser la raíz.

Aquella mañana tuve varias reflexiones y conclusiones que resumo en los siguientes puntos:

Una persona es como un árbol. Esta es una analogía válida de acuerdo a los siguientes argumentos:

Los frutos hacen referencia a los resultados que una persona desea obtener en su vida, ya sean materiales o inmateriales.

Las ramas hacen referencia a la vida familiar, financiera, emocional, espiritual y laboral. En el caso del árbol de 17 naranjas, algunas ramas tenían fruto, otras no. Lo mismo ocurre en el contexto humano. Algunas personas son exitosas empresarialmente, no tanto familiarmente. En otros casos se tienen frutos laborales, pero no espirituales.

Un árbol tiene dos partes: "La que se ve" y "la que no se ve".

A las personas les vemos lo externo: su apariencia física, su estilo de vida. Los pensamientos y las verdaderas intenciones del corazón es lo que no se ve. Un proverbio popular dice: "Caras vemos, corazones no sabemos".

La vida del árbol fluye de la raíz hacia el tronco, las ramas y los frutos. La vida de una persona fluye desde su corazón y sus pensamientos.

"Lo que no se ve" genera "lo que se ve". Es una afirmación coherente con frases célebres como las siguientes:

"El descubrimiento más importante de mi generación es que las personas pueden alterar su vida si cambian la actitud de su mente". (William James).

"Mientras más vivo, más me doy cuenta del impacto de la actitud en la vida". (John Maxwell).

"Porque cual es su pensamiento en su corazón, tal es él". (Rey Salomón).

"El aspecto exterior pregona muchas veces la condición interior del hombre". (William Shakespeare).

En los entrenamientos financieros realizados con personas muy endeudadas, he observado la tendencia a buscar la solución "afuera", es decir, encontrar quién les presta dinero. La solución primero se debe buscar dentro de uno mismo y con la familia.

Creo firmemente que la condición exterior de alguien es un reflejo de su estado interior. La prosperidad viene de adentro (lo que no se ve) hacia fuera (lo que se ve).

Seguramente ha conocido el caso de negocios o empresas que empezaron a triunfar cuando cambiaron su administrador. El negocio es el mismo, lo nuevo es la actitud, visión y condición interior de quien lo administra. Esto significa que el exitoso no es el negocio, sino quien está dirigiéndolo.

Todo fruto proviene de una raíz. En la vida tenemos frutos "dulces" y frutos "amargos". Tanto los unos como los otros tienen una raíz. En mi libro "¡Por fin libre de deudas!" están descritos los 21 tipos de causas (raíces) de los problemas financieros de una persona. Esto es muy importante comprenderlo para cambiar los frutos de la rama financiera de alguien.

En las conferencias que dicto basadas en mi libro, explico cómo las deudas emocionales generan deudas financieras. Si los frutos son amargos, es porque las raíces son amargas. Cuando entendí este aspecto me sentí muy confrontado. Ya era emprendedor, pero estaba amargado, y por esa razón los pocos frutos que tenía también eran amargos.

"El Coraje de Emprender" incluye el coraje de perdonar, pedir perdón e iniciar con el emprendimiento base: la vida y la familia.

La condición interior del emprendedor se ve reflejada en la condición exterior del proyecto que se ha emprendido. Los resultados financieros son generados por aspectos no financieros.

Si conoce a personas que han emprendido mucho, pero que nada les ha funcionado, muy posiblemente es alguien que tiene deudas emocionales. En una oportunidad realicé el entrenamiento a un joven de 21 años muy emprendedor y deseoso de triunfar. Era buenísimo trabajando, pero los frutos brillaban por su ausencia. En el entrenamiento identifiqué un aspecto contundente: este joven llevaba años sin perdonar a su padre, lo deshonraba al referirse a él. Tenía una herida tan grande en su corazón que se ponía iracundo con solo mencionarle a su progenitor. Cuando este joven entendió que todos cometemos errores y que la falta de perdón y la deshonra a los padres son causas (raíces) de problemas financieros, tuvo el coraje de perdonar y restaurar la relación con su papá. Fue impresionante el cambio en sus resultados financieros y el tiempo récord en que pagó sus deudas (frutos).

Puedo hacer referencia a cientos de casos como este y llegaremos a la misma lección: todo fruto dulce o amargo en la vida tiene una raíz.

Si quiero más frutos, debo enfocarme en la raíz. Cuando me buscan para realizar un entrenamiento financiero, generalmente me preguntan: ¿Qué hago para pagar mis deudas? ¿Qué tengo que hacer para generar ingresos extra? ¿Qué hago para controlar mis gastos? Observe que las preguntas tienen un factor común: "Hacer". Pero más determinante que "el hacer" es "el ser". La condición interior de una persona es más importante que sus habilidades.

Si desea más y mejores frutos, enfóquese en su "ser" (raíz) espiritual, emocional, intelectual. Por ello considero que la educación financiera es la primera inversión que una persona debe hacer, antes de invertir en Activos. Cuando usted alimenta su "ser", se vuelve más efectivo en su "hacer" y logra "tener" (frutos).

Desde el momento en que comencé a enfocarme en mi "ser", mejoré mi relación con Dios, con mi esposa e hijos, incrementé la lectura y la búsqueda de mayor inteligencia emocional, entre otros aspectos. Esto me permitió reorganizar mis prioridades, especialmente en cuanto al dinero.

La palabra "deudas" la aprendí desde muy joven cuando mi padre intentó suicidarse debido a la presión de los embargos, abogados y acreedores. Recuerde que mi papá era un empresario. Pero en el campo de los negocios no basta con vender, también es necesario administrar e invertir. Evitando preocuparnos, mi padre nos ocultó por mucho tiempo la cruda realidad financiera que atravesaba. Hasta que llegó el día en que su crisis se hizo evidente y, como consecuencia, los problemas familiares se agravaron tanto que mis padres se divorciaron. Elegí quedarme con mi mamá y mi hermana. En ese entonces vivimos en una de las zonas más pobres de la ciudad de Bogotá a la que llegaban personas desplazadas de sus pueblos.

Deseaba tanto salir adelante, anhelaba triunfar y recuperar las comodidades con las que vivíamos con mi papá, que cometí el error de enfocarme tanto en el dinero al punto de que conseguirlo era la única finalidad de todo lo que hacía. Debido a esto trabajaba, pero no producía. Las prioridades de mi "ser" estaban en desorden y tenía motivaciones incorrectas.

Permítanme detenerme un instante para explicarles algunos cambios radicales que tuve que asumir en cuanto a mis creencias y valores frente al dinero.

El dinero fue creado como un MEDIO para facilitar el TRUEQUE. El trueque es el intercambio que sucede cuando existe una NECESIDAD y se plantea una SOLUCIÓN. Es decir, que la unión de una necesidad y un producto o servicio que satisface esa necesidad, hace que se genere el trueque. Cuando existe trueque, fluye el dinero.

Observe bien: Necesidad + **Solución = Trueque** - FLUJO DE DINERO

El flujo de dinero es el fruto deseado, pero la raíz es la satisfacción de las NECESIDADES.

Cuando les pregunto sobre ideas para generar nuevas fuentes de ingresos, muchas personas me dicen: "Jairo, no se me ocurre nada", "no tengo idea alguna", "¿en qué puedo invertir?"

Mi recomendación es: enfóquese en "problemas" que les suceden a las personas alrededor de usted en el barrio, la universidad, la oficina, o en cualquier otro lugar. Porque donde existen problemas, existen necesidades. Si encuentra una solución a las mismas, se crea el trueque, y cuando se da el trueque surge el flujo de dinero.

Por eso es que SERVIR genera flujo de dinero. Enfóquese en servir, en ayudar a las personas a solucionar sus problemas.

El emprendedor que considera que su principal prioridad es la rentabilidad, debe replantear la motivación en su corazón y sus prioridades. La rentabilidad es un fruto. El buen servicio y agregar valor a la vida de los clientes es la raíz.

En el caso de vendedores cuyo enfoque es el dinero, generalmente su tasa de cierre de negocios efectivos es baja. Esto se debe a que los clientes perciben cuándo el vendedor se preocupa por ellos, y cuándo se preocupa por la comisión que va a obtener de ellos.

Para finalizar con este punto, al enfocarme en la raíz (en mi "ser") tuve que dedicarme intensamente a la búsqueda del propósito de mi vida. Una persona deja de trabajar y comienza a producir cuando lo que hace está alineado con el propósito para el cual fue creado. No es la cantidad de proyectos que emprende, sino qué tan alineados están con la misión que le ha sido asignada en esta Tierra.

Así como las organizaciones requieren de una MISIÓN clara y bien definida. El emprendedor debe tener el coraje de responder la siguiente pregunta: ¿Para qué estoy aquí en la Tierra?

Las personas con un perfil emprendedor cometen el grave error de involucrarse en cuanto proyecto, negocio o propuesta le ponen en frente y que, en teoría, genere dinero. Eso no es funcional. Es más sensato comprender que existen emprendimientos que se ajustan a su propósito de vida, y no que su vida se tenga que alinear a los proyectos de emprendimiento.

Cuando viví esta experiencia en la finca de los padres de mi esposa, reconocí que trabajaba en lo que se me atravesara. Lo hacía por probar, al azar, esperando que algo me funcionara. Dado que no conocía el propósito de mi vida, casi todo aquello en lo que me comprometía se convertía en una carga, no lo disfrutaba. Una de las grandes diferencias entre trabajar y producir es que, cuando produces, lo disfrutas.

Así fue como acordé con mis socios la venta de la empresa

Lord Word Ltda., me retiré de algunos multiniveles que estaba tratando de construir y dejé de dictar clases universitarias en el pregrado de Ingeniería Industrial. Todas estas decisiones fueron tomadas a partir de organizar mis prioridades y relación con el dinero, así como comprender la razón de mi vida aquí en la Tierra.

Descubrir nuestro propósito en la vida es determinante para el éxito. Al hacerlo, usted podrá definir bien los proyectos, negocios, empresas e inversiones que se ajustan a su propósito de vida. No todos los negocios o inversiones son para todos los individuos. Que algo les funcione a otras personas, no significa que le funcione a usted.

Evite copiar los sueños o emprendimientos de otro. Eso le hace perder tiempo, recursos y energía. Enfóquese en la raíz de su vida: su corazón. Pregúntele a su Creador cuál es el propósito que le ha asignado. Producir es disfrutar trabajando en aquello para lo cual usted fue creado.

Para que exista mucho fruto, la raíz debe tener la capacidad de soportarlo. Este aspecto es impresionante. A mayor altura del árbol y cantidad de frutos, más fuertes son los vientos y el peso a soportar. Sin administración, se pierde una gran producción.

Muchos emprendedores son buenos generando ingresos, pero deben mejorar en la administración de los mismos. Una cosa es tener frutos, y otra es mantenerlos. Una cosa es iniciar una empresa y otra muy diferente que se mantenga. Por ejemplo, de 100 empresas que nacen en Colombia, antes de 3 años y medio sobreviven 43. Es decir, que se cierran 57. Según los estudios realizados, el 49,2 por ciento de las empresas cierran por falta de rentabilidad y problemas financieros. No basta con establecer una empresa, lo más importante es lograr que sea sostenible en el tiempo.

En un artículo reciente presentaron cinco casos de personas que se ganaron la lotería y cómo lo que se consideraba "una gran bendición" terminó convirtiéndose en un "gran problema" para ellas. La razón es que la raíz (capacidad de administración) de estas personas era muy débil para soportar el peso de los frutos.

Al emprender, enfóquese en aumentar su capacidad de administración. Si va a realizar una campaña de mercadeo, es necesario contar con una infraestructura instalada para la atención y desarrollo de procesos operativos y lograr la satisfacción de los nuevos clientes. Recuerde que el boca a boca es la publicidad de menor precio y mayor impacto en las organizaciones, el asunto es que funciona para bien y también para mal.

Lo sucedido en la finca en Anolaima tan solo fue el comienzo de un proceso de renovación desde mi interior que empezó a dar resultados en mi exterior. En pocas palabras, estaba comenzando a dejar de trabajar y empezando a producir. Al regresar a Bogotá investigué el origen de las palabras TRABAJAR y PRODUCIR. Lo que encontré me impactó.

Trabajar: proviene del latín Tripaliare que significa "tres palos". Tripaliare era un instrumento de tortura. El yugo fabricado con tres palos con los cuales amarraban a los esclavos para azotarlos.

Producir: proviene del latín Producere que significa "engendrar o crear".

Sólo al comprender el origen de estas palabras ya quería dejar de trabajar y comenzar a producir. Observe que trabajar está asociado con algo tedioso y no deseado. Mientras que producir es agradable y genera placer. También trabajar está relacionado con la esclavitud. Las deudas son una forma de esclavitud.

Si un emprendedor labora todo un año y al final no tiene ahorros, ni rentabilidad, ni nuevas inversiones, entonces es alguien que trabajó, pero no produjo. Muy posiblemente la esclavitud de los intereses consumió los frutos del esfuerzo de todo el año.

Hasta aquí es conveniente que reflexione en las siguientes preguntas:

¿Disfruta lo que hace?

¿Tiene claro el propósito, misión o razón de lo que hace?

¿Ayuda a solucionar los problemas y necesidades de otras personas con lo que hace?

¿Le está dando resultados lo que hace?

¿Qué decisiones debe tomar hoy para dejar de trabajar y comenzar a producir?

Le recomiendo que tome el tiempo suficiente para reflexionar en sus respuestas.

Por mi parte, después de estudiar el origen de las palabras "trabajar" y "producir", me propuse descubrir cuándo fue la primera vez que las mismas se escribieron. Mi objetivo era encontrar el texto más antiguo para interpretar posibles cambios del concepto original a lo largo de la historia.

Busqué en la historia romana, en la griega, y en la de otras culturas. El texto más antiguo que encontré es de origen hebreo y es muy conocido. Aparece en la Biblia, en Génesis 3:17. El relato dice que el hombre se había apartado de Dios al desobedecerle, por lo cual comenzó a trabajar y dejo de producir.

En Génesis 1:22 Dios bendijo al hombre para que fuese fructífero, es decir, altamente productivo. Llegué a la conclusión de que el hombre fue creado para PRODUCIR, pero cuando desobedeció a Dios y se apartó de Él, dejó de hacerlo y comenzó a trabajar.

Basado en mi experiencia puedo decir que es muy visible la diferencia entre un emprendedor que busca la ayuda Dios, y otro que no lo hace. Al igual que una persona que busca pagar deudas con la ayuda de Dios y otra persona que lo hace sin su ayuda.

Hoy es un buen día para tener el coraje de emprender cambios en su vida. Inicie su emprendimiento dejando de trabajar y comenzando a producir:

- Enfóquese en su "ser", para luego "hacer" y finalmente "tener".

- Enfóquese en los problemas y necesidades de las personas. Si encuentra la solución, entonces se generará el trueque y finalmente el flujo de dinero.

- Servir y agregar valor a los clientes es más importante que la rentabilidad.

- Descubra cuál es su misión o propósito de vida. Recuerde que trabajar es una carga, mientras que producir es un deleite.

- Asegúrese de que sus emprendimientos se encuentren alineados con su misión o propósito de vida.

- Evite copiar los sueños o emprendimientos de otra persona. Recuerde que esto le hace perder tiempo, recursos y energía.

- Una alta producción requiere de administración para que se mantenga en el tiempo. Enfóquese en asegurar su capacidad de respuesta para la producción que está proyectando.

- Producir con equilibrio en todas las áreas de la vida: personal, familiar, emocional, espiritual.

- Mejorar su condición espiritual y su relación con Dios es conveniente para incrementar su productividad. Vuelva en amistad con su Creador.

Hoy en día, gracias a Dios, disfruto de lo que hago. Me llamaron para ser el Coach Financiero en dos canales de televisión colombianos. Suscríbase a mi canal de YouTube en donde puede encontrar varios videos de estos programas, los cuales contienen consejos financieros para niños, jóvenes, solteros y casados.

He escrito los libros: "Voy a vivir mejor", "Administración de negocios en mapas mentales" y "Por fin libre de deudas".

He diseñado un Kit Financiero con 10 herramientas que eliminan el desorden en cuanto al manejo del dinero y permiten lograr fuentes de ingresos adicionales.

Creé una aplicación Web para el mapeo de sueños y visión. Esto es algo que aprendí con un multimillonario en Estados Unidos.

Gracias a Dios dejé de TRABAJAR y comencé a PRODUCIR.

Contácteme en:
info@jairoforero.com
Whatsapp: (57) 311 4736599
@jairoaforero
www.facebook.com/jairoantonioforero

www.ingramcontent.com/pod-product-compliance
Lightning Source LLC
Chambersburg PA
CBHW051915170526
45168CB00001B/398